现代教育技术应用

主编 阳永清 唐小娟 邓 婵

北京理工大学出版社
BEIJING INSTITUTE OF TECHNOLOGY PRESS

内容简介

现代教育技术是现代教师必备的专业技能,也是师范类专业开设的一门公共课程。本书的主要内容有文本素材的处理技术及应用、图形图像素材的处理技术及应用、音频素材的处理技术及应用、视频素材的处理技术及应用、微课的制作以及制作微课的综合实践等。

本书依据科学的学习方法,合理编排章节内容,优化知识结构,以培养现代教育技术能力为主线,按照典型任务组织知识,并将知识融入任务情境之中。每个任务都按"任务目标—任务说明/相关知识—任务实施"的结构组织内容。本书内容丰富,案例经典,知识讲解系统化,突出现代教育技术能力的培养,易于学习。

本书可以作为师范院校"现代教育技术"公共课程教材、中小学教师教育技术技能培训教材、教育技术学专业技能培训教材,也可以作为师范类院校学生、中小学教师、教育技术爱好者等的参考书。

版权专有　侵权必究

图书在版编目(CIP)数据

现代教育技术应用/阳永清,唐小娟,邓婵主编. -- 北京:北京理工大学出版社,2021.1

ISBN 978-7-5682-9483-6

Ⅰ.①现… Ⅱ.①阳… ②唐… ③邓… Ⅲ.①教育技术学—师范大学—教材 Ⅳ.①G40-057

中国版本图书馆CIP数据核字(2021)第021061号

出版发行 / 北京理工大学出版社有限责任公司
社　　址 / 北京市海淀区中关村南大街5号
邮　　编 / 100081
电　　话 /（010）68914775（总编室）
　　　　　（010）82562903（教材售后服务热线）
　　　　　（010）68944723（其他图书服务热线）
网　　址 / http://www.bitpress.com.cn
经　　销 / 全国各地新华书店
印　　刷 / 定州市新华印刷有限公司
开　　本 / 787毫米×1092毫米　1/16
印　　张 / 13　　　　　　　　　　　　　　　　责任编辑 / 梁铜华
字　　数 / 300千字　　　　　　　　　　　　　　文案编辑 / 梁铜华
版　　次 / 2021年1月第1版　2021年1月第1次印刷　责任校对 / 刘亚男
定　　价 / 36.50元　　　　　　　　　　　　　　责任印制 / 边心超

图书出现印装质量问题,请拨打售后服务热线,本社负责调换

前言

教育部《关于推进教师教育信息化建设的意见》(教师〔2002〕2号)文件中明确指出:"师范院校要开设信息技术和现代教育技术公共必修课,加强信息技术相关公共课程教育教学改革和教材建设。"目前,"现代教育技术"已经成为我国师范类专业专科及本科学生、教育学硕士研究生的公共必修课以及在职教师继续教育(教师教育)的必修课程之一。

全书共6个项目,主要内容包括文本素材的处理技术及应用、图形图像素材的处理技术及应用、音频素材的处理技术及应用、视频素材的处理技术及应用、微课的制作以及制作微课的综合实践。本书适应了当前我国教育改革发展的需要,图文并茂、微课配套、通俗易懂,并且具有以下特点:

(1)从内容到实例都遵循由浅入深、循序渐进的原则。

(2)任务驱动、图文并茂、微课配套、步骤清晰并且易于教学及自学。

(3)资源丰富、自成体系又相互独立。

本书由长沙师范学院阳永清、唐小娟和邓婵担任主编,各项目的编写分工情况如下:阳永清编写项目2、项目6和项目5中的任务7,唐小娟编写项目1和项目5中的任务1~6,邓婵编写项目3和项目4,

阳永清负责审定全书。在编写过程中，我们参阅和引用了大量专著和文献资料，在此对各位作者深表谢意。同时，本书的出版得到了长沙师范学院领导的大力支持以及北京理工大学出版社的指导与帮助，长沙师范学院学生胡平、柳容洲、宋冰冰、彭佳敏、邹阳、冯佩瑶、彭小艳等为本书的编写查找了资料和加工素材，在此一并表示感谢。

本书提供数字课程的学习资源，包括电子课件和微课视频等，读者可以通过扫描封面二维码获取。

由于本书涉及的知识面广，需要将诸多知识点有机地贯穿起来，难度较大，加之编写时间仓促，不足之处在所难免。为便于今后教材的修订，恳请专家、教师及读者多提宝贵意见。

编　者

2020 年 7 月

目录

项目 1　文本素材的处理技术及应用 …………… 1
- 任务 1　熟悉 Word 基础操作 ……………… 2
- 任务 2　制作报考表格 ……………………… 10
- 任务 3　制作电子简报 ……………………… 12
- 任务 4　定制与使用样式 …………………… 15

项目 2　图形图像素材的处理技术及应用 ………… 20
- 任务 1　熟悉 Photoshop 基础操作 ………… 21
- 任务 2　制作奶牛字体 ……………………… 31
- 任务 3　制作倒影效果 ……………………… 36
- 任务 4　巧用剪贴蒙版 ……………………… 40

项目 3　音频素材的处理技术及应用 …………… 47
- 任务 1　掌握 Audition 基础操作 …………… 48
- 任务 2　制作伴奏带 ………………………… 53
- 任务 3　剪辑歌曲串烧 ……………………… 56
- 任务 4　录制诗歌赏析 ……………………… 61

项目 4　视频素材的处理技术及应用 …………… 68
- 任务 1　掌握 Premiere 基础操作 …………… 69
- 任务 2　制作《美丽峡谷》短片 …………… 79
- 任务 3　制作《校园风光》电子相册 ……… 86
- 任务 4　制作《可爱的鸟儿》合辑 ………… 101

- ★ **项目 5　微课的制作** ·················· **117**
  - 任务 1　认识微课 ·················· 118
  - 任务 2　设计微课脚本 ·················· 120
  - 任务 3　认识制作 PPT 课件常见的误区 ·················· 125
  - 任务 4　提升 PPT 设计艺术与攻略 ·················· 130
  - 任务 5　制作 PPT 课件 ·················· 137
  - 任务 6　掌握 EverCam 录制方法 ·················· 151
  - 任务 7　快速添加 SRT 字幕 ·················· 157
- ★ **项目 6　制作微课的综合实践** ·················· **163**
  - 任务 1　制作守株待兔微课 ·················· 164
  - 任务 2　制作长方形的面积微课 ·················· 171
  - 任务 3　制作食物链和食物网微课 ·················· 181
  - 任务 4　制作 Look at me 微课 ·················· 191
- ★ **参考文献** ·················· **200**

项目 1 文本素材的处理技术及应用

学习重点： 单元格的拆分与合并、图文混排、样式的定制、大纲级别的应用、自动生成目录

学习难点： 图文混排、样式的定制、自动生成目录

学习目标： 通过完成 4 个任务，熟悉 Word 办公软件的高级应用

学习方法： 任务驱动式、混合式学习

学习课时： 4

知识结构：

任务1　熟悉Word基础操作

任务3　制作电子简报

文本素材的处理技术及应用

任务2　制作报考表格

任务4　定制与使用样式

任务1　熟悉 Word 基础操作

任务目标

通过操作3个常用的小任务，熟练掌握 Word 办公软件工具的使用方法。

相关知识

1. 分节符、分页符

分页符仅仅是分页，还算作同一节；分节符则是分成两个节，可以对这两个节设置不同的页面以及页眉、页脚等内容。分节符将内容分成两个节，但前后的内容还可以在一个页面。

2. 页眉和页脚

页眉和页脚通常显示文档的附加信息，常用来插入时间、日期、页码、单位名称和徽标等。其中，页眉在页面的顶部，页脚在页面的底部。

3. doc 和 docx

doc 和 docx 都是 Word 的两个最基础的文件格式，doc 是 Word 2003 以下版本编辑的默认文档格式，而 docx 是 Word 2007 以上版本编辑的默认文档格式。doc 文档可以用所有的 Word 版本打开，而 docx 文档只能使用 Word 2007 以上版本打开。docx 打开的响应速度比 doc 更快，docx 相比于 doc 体积更小。

4. 样式

样式是一种集合了多种格式的复合格式。通俗地讲，样式是一组格式化命令，集合了字体、段落等相关格式。在编辑长文档或者要求具有统一格式风格的文档时，通常需要对多个段落设置相同的文本格式，若逐一设置或者通过格式刷复制格式，则会显得非常烦琐，此时可通过样式进行排版以减少工作量，提高工作效率。

任务说明

（1）通过文本和段落格式设置，将素材"毕业论文封面（文本）.docx"设置为"毕业论文封面（效果）.docx"。

（2）通过项目符号、边框和底纹设置，将素材"招生简章（文本）.docx"设置为"招生简章（效果）.docx"。

（3）通过图文混排功能，将素材"请柬边框.jpg"和"请柬底图.jpg"制作成"邀请函（效果）.docx"。

任务实施

一、设置文本和段落格式

【Step 1】安装好 Word 软件后，打开素材文件"毕业论文封面（文本）.docx"，如图1-1所示。

项目 1　文本素材的处理技术及应用

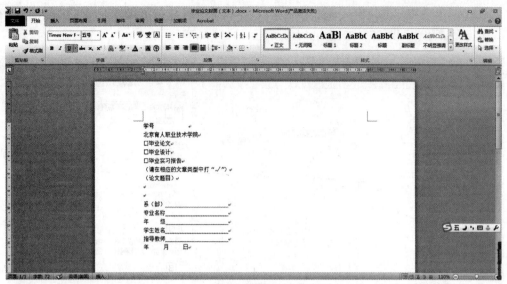

图 1-1　打开文件

【Step 2】选中"学号",设为"楷体_GB2312""四号","单倍行距"、段前"2 行",如图 1-2 所示。

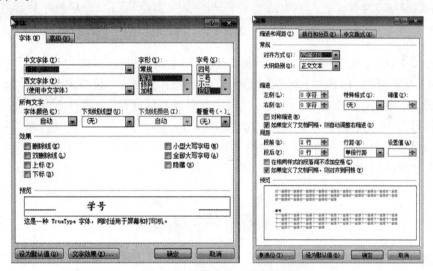

图 1-2　设置字体、段落格式

【Step 3】选中"学号"后面的空格,添加下划线,如图 1-3 所示。

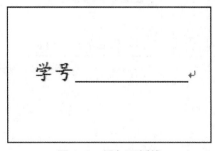

图 1-3　添加下划线

【Step 4】选中"北京育人职业技术学院",设为"汉仪行楷简""小初",段前"1行"、段后"1行"、"居中"对齐,如图1-4所示。

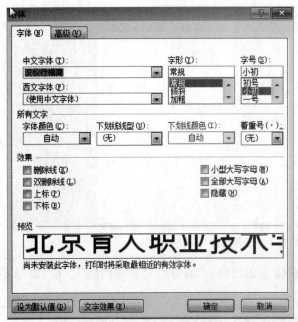 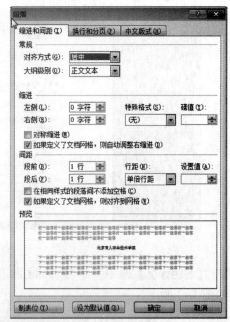

图1-4 设置字体、段落格式

【Step 5】选中"□毕业论文 □毕业设计 □毕业实习报告",设为"宋体""小二",左侧缩进"13.5字符"、段前"1行"、段后"0.5行";选中"(请在相应的文章类型中打"√")",设为"楷体_GB2312""四号","居中"对齐。鼠标置于"毕业论文"前,选择"插入"→"符号"→"其他符号",插入"√",如图1-5所示。

【Step 6】选中"√",单击"开始"菜单下"字体"工具栏的"带圈字符"工具,选择"□",单击"确定",如图1-6所示。

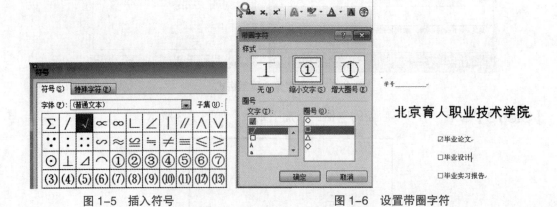

图1-5 插入符号　　　　　图1-6 设置带圈字符

项目 1　文本素材的处理技术及应用

【Step 7】选中"（论文题目）"，设为"楷体_GB2312""四号"，段前"0.5 行"、段后"1 行"、"居中"对齐、左侧和右侧各缩进"4 字符"、"3"倍行距，添加边框线，如图 1-7 所示。

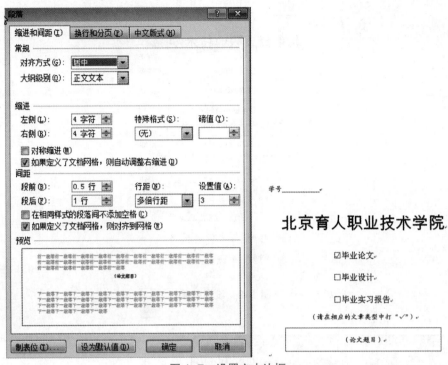

图 1-7　设置文本边框

【Step 8】将后面的"系（部）、专业名称、年级、学生姓名、指导教师"等文字设为"楷体_GB2312""四号"，段前"0.5 行"、段后"1 行"、"首行缩进 7.59 字符"、"两端对齐"，如图 1-8 所示。

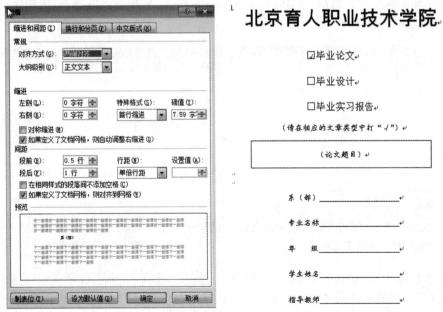

图 1-8　设置文本和段落格式

【Step 9】将"日期"设为"楷体_GB2312""四号","居中"对齐。所有设置完成后,效果如图1-9所示。

图1-9 设置效果

二、设置项目符号、边框和底纹

【Step 1】打开文件"招生简章(文本).docx",选择"页面布局"→"页面边框",选择"艺术型"边框,应用于"整篇文档",如图1-10所示。

【Step 2】选中标题"红鸟培训中心2020年招生简章",选择"开始"→"段落"→"边框和底纹"→"底纹",图案选择样式"15%",颜色为"红色",应用于"段落",如图1-11所示。

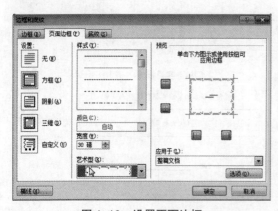

图1-10 设置页面边框

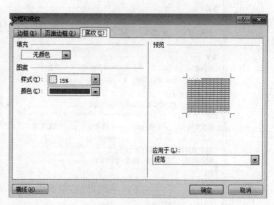

图1-11 设置底纹

【Step 3】选中标题下面的回车键符号,选择"开始"→"段落"→"边框和底纹"→"边框",选择"波纹单线",颜色为"红色",宽度为"1.5磅",应用于"下边框",应用于"段落",如图1-12所示。

【Step 4】选中"一、招生对象"下面的文字,选择"开始"→"段落"→"项目符号",选择文档项目符号菱形。使用格式刷工具对后面同类型的文字进行同样的设置,如图1-13所示。

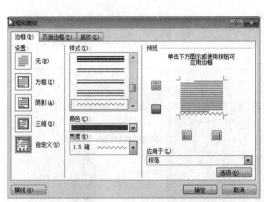

图1-12 设置边框

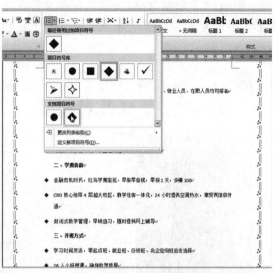

图1-13 设置项目符号

【充电站】"格式刷"工具使用小技巧

"格式刷"是Word非常强大的功能按钮之一,在给文档中大量的内容重复添加相同的格式时,我们就可以利用"格式刷"来完成。先把光标放在设置好格式的文字上,单击"格式刷",接着用鼠标左键拉取需要同样格式的文字,松开鼠标左键,相应的格式就会设置好。单击"格式刷"按钮,可以刷一次;双击"格式刷"按钮,可以重复刷多次。若要取消格式刷功能,则再次单击"格式刷"按钮,或者用键盘上的"Esc"键来关闭。

【Step 5】全部设置完毕,效果如图1-14所示。

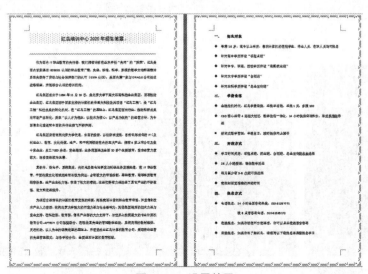

图1-14 设置效果

三、设置图片和文字混排

【Step 1】新建 Word 文档,保存文件名为"邀请函.docx"。插入一个"矩形"形状,设置形状填充为"深红色",形状轮廓为"无轮廓",布满整个页面,置于页面底层,如图 1-15 所示。

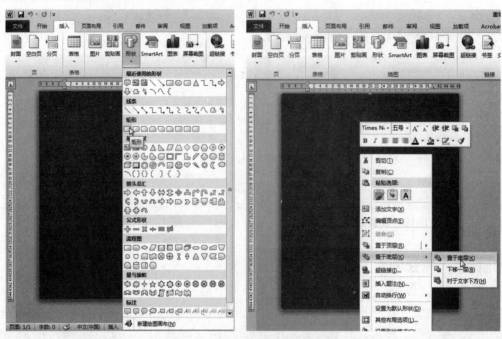

图 1-15　底层插入红色矩形形状

【Step 2】再插入一个"矩形"形状,设置形状填充为"金色",形状轮廓为"无轮廓",高度为 2.91 cm,如图 1-16 所示。

【Step 3】插入艺术字"请柬",设置字体为"方正舒体",艺术字样式为"填充—金色、强调文字颜色 4、外部阴影-强调文字颜色 4、软边缘棱台",大小为 200 磅,如图 1-17 所示。

图 1-16　插入金色矩形形状

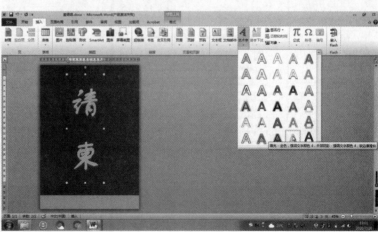

图 1-17　插入艺术字

【Step 4】插入空白页,插入图片"请柬边框.jpg"和"请柬底图.jpg",叠放次序设为"衬于文字下方",如图1-18所示。

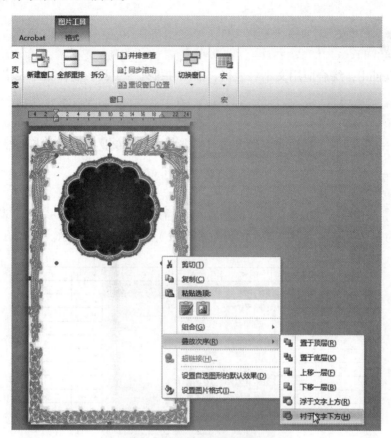

图1-18 设置图片叠放次序

【Step 5】插入文本框,输入"邀",设为"微软雅黑""加粗""150磅",位于请柬底图的正上方。在下面输入邀请函文字内容,设置参数为"微软雅黑""12磅",如图1-19所示。

【Step 6】全部设置完毕,效果如图1-20所示。

图1-19 插入文本框

图1-20 设置效果

任务2 制作报考表格

任务目标

在 Word 软件中,综合应用文本、表格、插图和排列等工具,制作报考表格。

任务说明

利用 Word 表格功能,制作非规则表格"样表:×××专业技术资格考试报名表"。

任务实施

【Step 1】新建一个 Word 文档,选择菜单"插入"→"表格"→"插入表格",插入一个 7 列 12 行的表格(原则为表中最大的行数和列数),如图 1-21 所示。

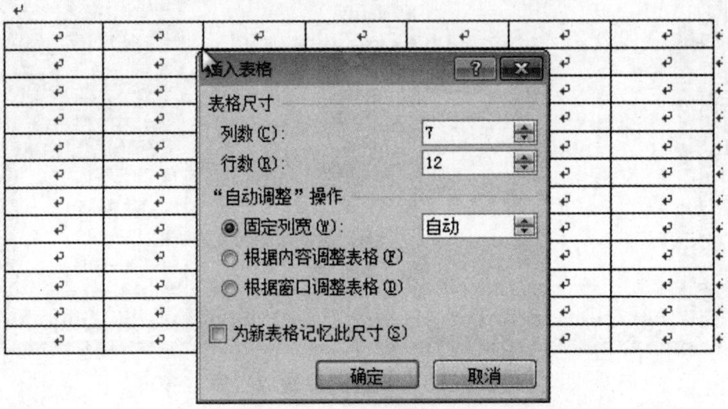

图 1-21 插入表格

【Step 2】鼠标放在第一行第一列的单元格中,按下回车键,表格自动下移一行,在表格上面输入标题和表头,如图 1-22 所示。

图 1-22 输入标题和表头

【Step 3】“照片”占用了多行，选择第 7 列第 1~5 个单元格，单击鼠标右键，选择“合并单元格”，如图 1–23 所示。其他的单元格如需合并，也做同样的操作。

【Step 4】“身份证号码”占用了多列，选择第 3 行第 2~6 个单元格，单击鼠标右键，选择“合并单元格”，然后再选择“拆分单元格”，将单元格拆成 18 个单元格，如图 1–24 所示。

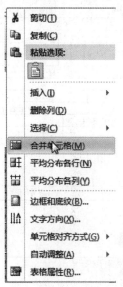

图 1–23　合并单元格

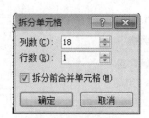

图 1–24　拆分单元格

【Step 5】输入表格中的文字，调整单元格宽度。如只需调整某个单元格宽度而不影响其他行内容，可将鼠标放置在单元格中，当鼠标变成向右上的黑色箭头时选中该单元格，拖动单元格边框，这样改变的只是当前单元格，如图 1–25 所示。

样表：××× 专业技术资格考试报名表
考生类型：　报名地市：　报名时间：
姓名　性别　民族　照片
政治面貌　国籍地区　出生日期
身份证号码
学历　学位　毕业日期
所学专业　毕业学校
电话　E-mail
报考级别　报考专业　收费合计
专业技术职务聘任日期　专业技术职务
通信地址　邮政编码
报考科目
我承诺，以上报考信息真实准确，符合经济专业技术资格考试所要求的报考条件，自觉履行本网站的相关协议，严格遵守考试纪律。
承诺人签名：
年　月　日
报名序号条形码
单位意见：
____年___月___日
审核部门意见：
____年___月___日

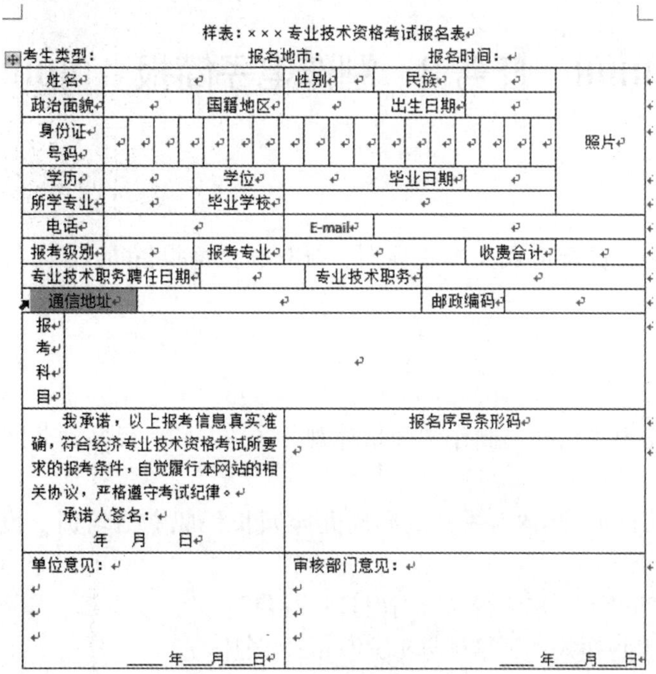

图 1–25　调整单元格宽度

【Step 6】设置单元格文字内容格式时,单击鼠标右键选择"单元格对齐方式",选择相应的对齐方式,如图 1-26 所示。

【Step 7】执行完所有操作后,效果如图 1-27 所示。

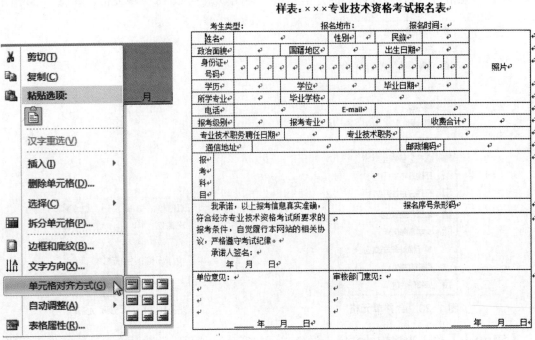

图 1-26　单元格对齐方式　　　　　　　图 1-27　最终效果

任务3　制作电子简报

任务目标

在 Word 软件中,综合应用文本、插图、排列和页面设置等工具,实现图文混排效果,制作精美的电子简报。

任务说明

利用 Word 图文混排功能,制作"国培计划(2018)——民办幼儿园园长任职资格培训简报"。

(1)将"国培计划(2018)——民办幼儿园园长任职资格培训"设为"方正小标宋_GBK""小四"。

(2)将"简报"设为"华为行楷""初号""红色"。

(3)在文档左上角插入"国培计划 LOGO.jpg"图片。

(4)将"主办:长沙师范学院 2018 年 10 月 16 日 星期二 第 1 期"设为"宋体""四号"。

（5）在报头下面插入一条横线，设为"4.5磅""红色"。

（6）将简报题目"蹲下来听他们说——让教育以孩子为本"设为"方正小标宋_GBK""小二"底部填充为"橙色"。

（7）插入图片电子简报1和电子简报2，裁剪图片高度为"3.88厘米"，宽度为"5厘米"，设置文字环绕方式为"紧密型环绕"。

任务实施

【Step 1】打开文件"电子简报（文本）.docx"，设置页边距为上"2.54厘米"、下"2.54厘米"、左"3.17厘米"、右"3.17厘米"，如图1-28所示。

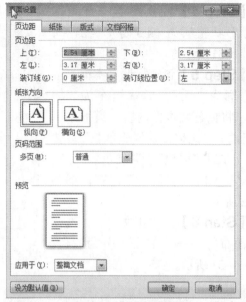

图1-28 设置页边距

【Step 2】插入图片"国培计划LOGO.jpg"，图片设为"紧密型"，如图1-29所示。

图1-29 插入图片，设置图片格式

【Step 3】将"'国培计划'（2018）——民办幼儿园园长任职资格培训"字体设置为"方正小标宋_GBK""小四"；"简报"另起一行，字体设置为"华文行楷""初号""红色"，"居中"对齐；主办和日期等文字设置为"宋体""四号"，如图1-30所示。

图1-30 简报报头设置效果

【Step 4】插入形状"直线",设置形状轮廓为"4.5磅""红色",如图1-31所示。

【Step 5】设置标题文本框,形状轮廓为"无",形状填充为"橙色"。将标题文本框内容"蹲下来听他们说——让教育以孩子为本"设置为"小二""加粗""深红色""方正小标宋_GBK","居中"对齐,如图1-32所示。

【Step 6】选中正文内容,选择"页面布局"→"分栏",分为三栏,如图1-33所示。

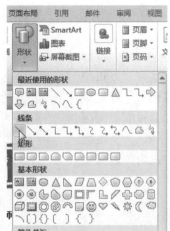
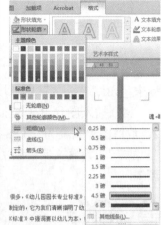

图1-31 插入形状,设置颜色和大小

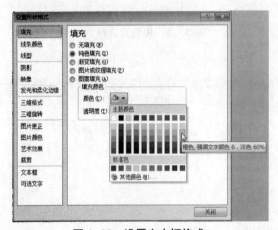

图1-32 设置文本框格式

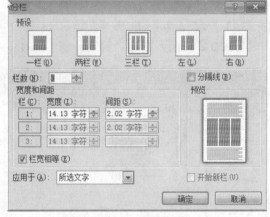

图1-33 设置分栏

【Step 7】插入图片"电子简报1.png"和"电子简报2.png",设置文字环绕方式为"紧密型",放置于文中合适的位置,如图1-34所示。

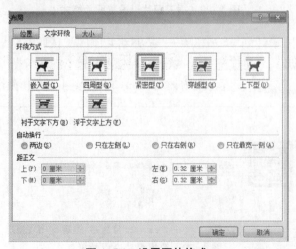

图1-34 设置图片格式

项目 1　文本素材的处理技术及应用

【Step 8】所有操作完成后，效果如图 1-35 所示。

图 1-35　最终效果

任务 4　定制与使用样式

任务目标

在 Word 软件中，综合应用样式、插入目录等工具，实现目录自动生成功能。

任务说明

利用 Word 样式工具，给文本"浅谈电子白板在语文教学中的应用（文本）.docx"加入样式，按三级标题格式自动生成目录。

任务实施

【Step 1】打开 Word 文件"浅谈电子白板在语文教学中的应用(文本).docx",选中一级标题"1.绪论",选择"字体"工具,将字体格式设置为"黑体""二号""加粗",如图1-36 所示。

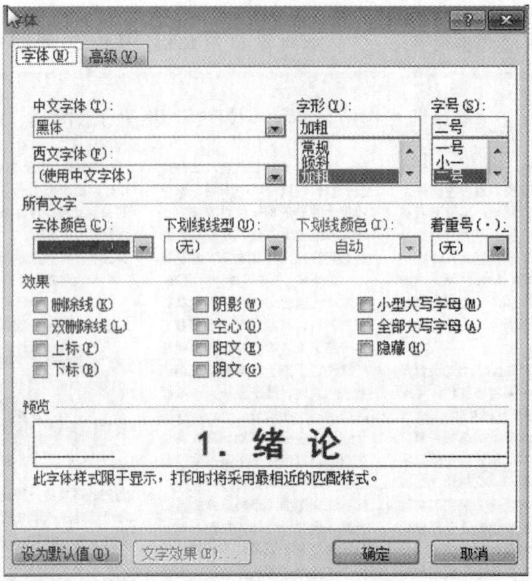

图 1-36 设置一级标题字体

【Step 2】选择"段落"工具,将一级标题大纲级别设置为"1 级",如图 1-37 所示。选中一级标题"1.绪论",在菜单栏中选择"开始"→"样式"→"根据格式设置创建新样式",设置该样式名称为"一级标题",并选择所有一级标题应用该样式,如图 1-38 所示。

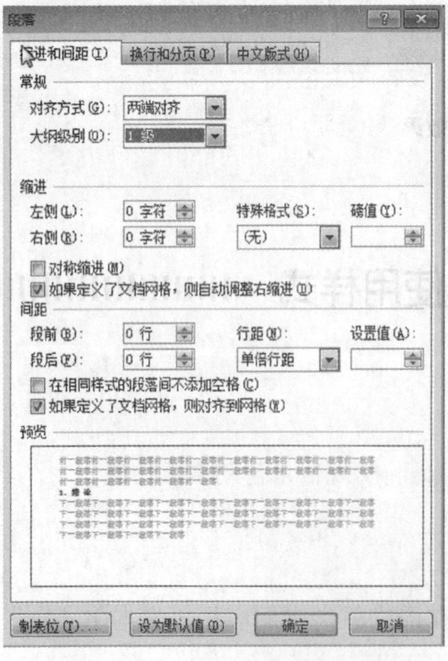

图 1-37 设置一级标题大纲级别　　　　图 1-38 创建"一级标题"样式

项目 1 文本素材的处理技术及应用

【Step 3】选择二级标题"1.1 研究背景",根据"Step 1"和"Step 2",选择"字体"工具和"段落"工具,设置参数为"黑体""三号""红色",大纲级别为"2 级",并将该标题创建为"二级标题"样式,选择所有二级标题应用该样式,如图 1-39 所示。

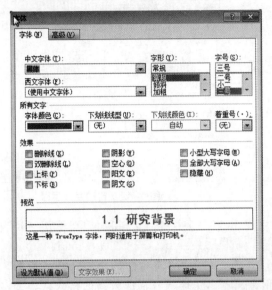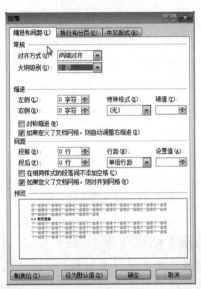

图 1-39 设置二级标题参数

【Step 4】选择三级标题"3.1.1 教学内容分析",根据"Step 1"和"Step 2",选择"字体"工具和"段落"工具,设置参数为"黑体""四号""蓝色",大纲级别为"3 级",并将该标题创建为"三级标题"样式,选择所有三级标题应用该样式,如图 1-40 所示。

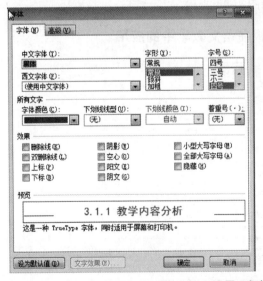

图 1-40 设置三级标题参数

【Step 5】将光标定位在文档标题下面,输入文字"目录",并设置好格式,如图 1-41 所示。

【Step 6】在菜单栏中选择"引用"→"目录"→"插入目录",打开"目录"对话框,选择"目录"选项卡,在此对话框中,勾选"显示页码"和"页码右对齐"等选项,选择一种"制表符前导符",显示级别选择"3"(前面我们设了三级标题),单击"确定"按钮,自动生成目录,如图1-42所示。

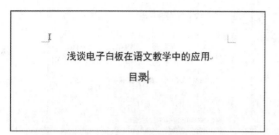

图1-41 输入目录设置格式

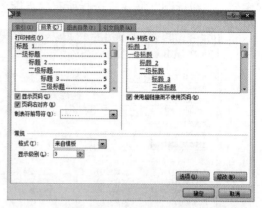

图1-42 自动生成目录

【充电站】样式使用小技巧

样式分为内置样式和自定义样式,内置样式是Word本身所提供的样式,自定义样式则是用户将常用的格式定义为样式。使用样式可以快速同步同级标题的格式,还可以借助"文档结构图"快速在文档中定位,可以快速生成文档目录。定制样式前,必须对Word文档进行多级标题设置。在生成目录时,如果碰到目录中有不属于多级标题的内容,应选择单击"清除格式"进行删除。

【Step 7】所有操作完成后,效果如图1-43所示。

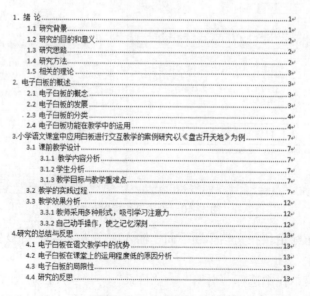

图1-43 最终效果

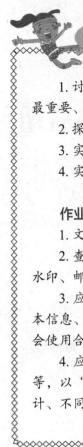

课后作业

1. 讨论：Word 软件的使用已经融入我们工作和生活的各方面，你认为 Word 软件最重要、最常用的有哪些功能？
2. 探索：请尝试 Word 软件工具栏所有不常用工具的使用。
3. 实操：请使用 Word 软件，制作一份个人简历。
4. 实操：以"新冠肺炎疫情防控"为主题，制作一份电子简报。

作业答案：

1. 文档格式设置与排版、表格制作、图文混排、定制与使用样式等。
2. 查找与替换、分页、分节、SmartArt、交叉引用、分栏、脚注、尾注、题注、水印、邮件合并、批注、修订等。
3. 应用 Word 软件中的表格功能，绘制不规则表格，制作个人简历，包括个人基本信息、教育经历、实践经历、获奖与荣誉、兴趣与爱好、求职信、求职意向等，学会使用合并和拆分单元格。
4. 应用 Word 软件中的图文混排、分栏等功能，通过插入艺术字、图片、文本框等，以"新冠肺炎疫情防控"为主题，制作一份图文并茂的电子简报。注意报头的设计、不同环绕方式的选择。

项目 2　图形图像素材的处理技术及应用

学习重点：学会使用文字、形状、滤镜、图层、蒙版、投影、翻转、魔棒等常用工具

学习难点：学会使用滤镜、蒙版、魔棒等工具

学习目标：通过完成 4 个任务，熟悉 Photoshop 软件基本工具的使用，并综合应用工具制作图片作品

学习方法：任务驱动式、混合式学习

学习课时：4

知识结构：

任务1　熟悉Photoshop基础操作

任务3　制作倒影效果

图形图像素材的处理技术及应用

任务2　制作奶牛字体

任务4　巧用剪贴蒙版

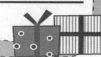

项目 2　图形图像素材的处理技术及应用

任务 1　熟悉 Photoshop 基础操作

任务目标

通过操作几个常见的 Photoshop 小任务，熟练掌握 Photoshop 软件常用工具。

相关知识

1. 像素

在 Photoshop 中，像素是组成图像的基本单元。一个图像由许多小方块组成，每个小方块为一个像素，也可以称为栅格。每个像素都有不同的颜色值，单位面积内的像素越多，分辨率（ppi，每英寸[①]拥有的像素数）就越高，图像的效果就越好。

2. 位图和矢量图

位图是由像素组成的，也称为像素图或者是点阵图，图的质量是由分辨率决定的。一般来讲，如果不用于彩色打印，通常用 72 ppi 就可以了；如果是用于彩色打印，则需要 300 ppi。矢量图的组成单元是锚点和路径，无论放大多少倍，它的边缘都是平滑的，尤其适用于做企业标志。

3. 色彩模式

常见的色彩模式包括灰度模式、RGB 模式、CMYK 模式。色彩模式决定图像中能显示的颜色数量，还影响图像的通道数和文件大小。

4. 常见图片文件格式

常见图片文件格式如表 2-1 所示。

表 2-1　常见图片文件格式

格式	格式说明
JPEG	JPEG 格式被译为联合图片专家组，其既是 Photoshop 支持的一种图像格式，也是一种压缩方案。JPEG 格式具有很好的压缩比，使用的是有损压缩——在存储文件时会丢失部分图像数据
GIF	GIF 格式使用无损压缩来控制图片的大小，当用户要保存图片为 GIF 时，可以自行决定是否保存透明区域或者转换为纯色。同时，通过多幅图片的转换，GIF 格式还可以保存动画文件，GIF 最多只能支持 256 色
PNG	PNG 是目前保证最不失真的格式，它汲取了 GIF 和 JPEG 二者的优点，存储形式丰富，兼有 GIF 和 JPEG 的色彩模式；它的另一个特点是能把图像文件压缩到极限以利于网络传输，但又能保留所有与图像品质有关的信息
PSD	PSD 格式是 Photoshop 进行平面设计的"草稿图"，它里面包含有各种图层、通道、遮罩等多种设计样稿，以便于下次打开文件时可以修改上一次的设计
TIFF	TIFF 格式是 Mac 中广泛使用的图像格式，它的特点是图像格式复杂、存储信息多。正因为它存储的图像细微层次信息非常多，图像的质量也得以提高，因而非常有利于原稿的复制
BMP	应用 BMP 格式最典型的程序就是 Windows 的画笔，该文件不压缩，占用磁盘空间较大。它的颜色存储格式有 1 位、4 位、8 位及 24 位，由于格式文件比较大，一般应用在单机上，不受网络欢迎

---

① 1 英寸 =2.54 厘米。

任务说明

（1）将素材 1.jpg 的图片调整为 20 kB 以内，宽为 150 像素，高为 212 像素。

（2）裁剪素材 2.jpg，亮度调整为 35，对比度调整为 14，色阶黑场、灰场、白场分别设置为 11、1.33、234。

（3）修补素材 3.jpg 脸上的黑痣缺陷。

（4）将素材 4.jpg 中文字"昵图网 nipic.com"替换为"扫描仪"，字体为新宋体，字号为 48，颜色 RGB 为"50、50、50"。

【Step 1】安装好 Photoshop 软件后，打开软件，新建文件，进入 Photoshop 软件工作环境，如图 2-1 所示。

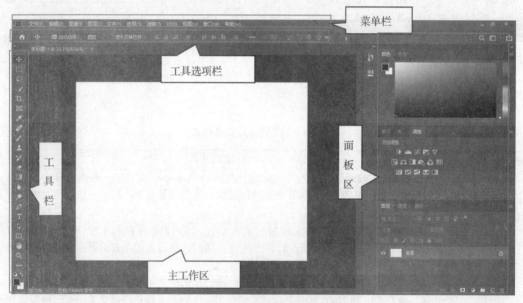

图 2-1　Photoshop 工作环境

【充电站】Adobe Photoshop 软件介绍

Adobe Photoshop 简称 PS，是一款功能强大的图形图像处理软件，主要用来处理由像素构成的数字图像，凭借其众多的编修与绘图工具，可以有效地进行图片编辑工作。PS 有很多功能，在图像、图形、文字、视频和出版等方面都有所涉及。

【Step 2】选择"文件"→"打开"→"素材1.jpg",导入素材到主工作区,如图2-2所示。

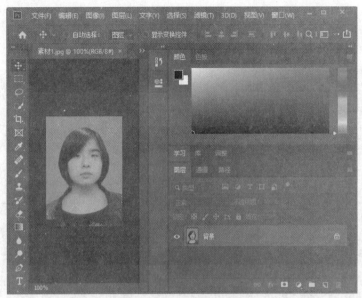

图 2-2 导入"素材1.jpg"

【Step 3】选择"文件"→"导出"→"存储为Web所用格式(100%)",预设为"JPEG高",在图像大小中,"W"为"150"像素,"H"为"212"像素,单击"存储"(图2-3),文件名为"素材11.jpg",单击"保存"。

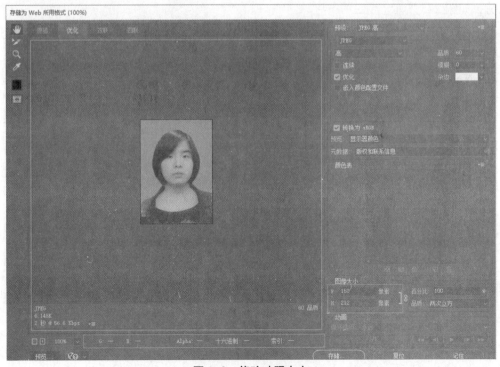

图 2-3 修改寸照大小

二、调整图片参数

【Step 1】选择"文件"→"打开"→"素材2.jpg",导入素材到主工作区,如图2-4所示。

图 2-4 导入"素材2.jpg"

【Step 2】选择裁剪工具,移动裁切框的句柄到合适位置,单击工具选项栏的"√",确认裁剪,如图2-5所示。

图 2-5 裁剪图片

项目 2　图形图像素材的处理技术及应用

【充电站】"裁剪"工具使用小知识

（1）当我们激活"裁剪"工具的时候，文档的四周就会出现虚线的裁剪框，可以移动鼠标在裁剪框边缘进行图片缩小或者放大。

（2）可以拖动裁剪框句柄裁剪，也可以划定自己想要的区域进行裁剪。当裁剪好后，点选项栏上面的"√"，裁剪就成功了。

（3）按住[Shift]键，结合拖动裁剪框句柄，可以保存原比例的裁剪结果。

【Step 3】选择"图像"→"调整"→"亮度/对比度"，在"亮度/对比度"面板中，设置亮度为"35"，对比度为"14"，单击"确定"，如图2-6所示。

图 2-6　设置亮度和对比度

【Step 4】选择"图像"→"调整"→"色阶"，在"色阶"面板中，设置黑场为"11"，灰场为"1.33"，白场为"234"，单击"确定"，如图2-7所示。

图 2-7　设置色阶参数

25

【Step 5】选择"文件"→"存储为",文件名为"素材22.jpg",单击"保存",品质设为"10",单击"确定",如图2-8所示。

图2-8　设置存储品质

【充电站】复位基本功能

　　当遇到软件界面发生变化时,可以选择复位基本功能区,操作步骤是:在菜单栏中,选择"窗口"→"工作区"→"复位基本功能"。

三、修补图片缺陷

【Step 1】选择"文件"→"打开"→"素材3.jpg",导入素材到主工作区,如图2-9所示。

图2-9　导入"素材3.jpg"

项目2 图形图像素材的处理技术及应用

【Step 2】在工具栏中选择"缩放工具"→"放大",将鼠标光标移到修补区域,单击鼠标左键,放大修补区域,一直到合适大小为止,如图2-10所示。

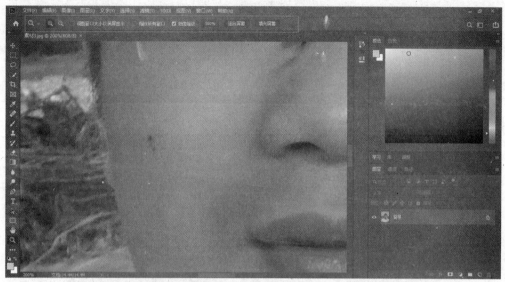

图2-10 放大修补区域

【充电站】"缩放"工具使用小知识

"缩放"工具用来缩放图像、选区或图层,可以进行放大、缩小、局部放大、100%显示图像以及适合屏幕等操作。

【Step 3】在工具栏中选择"修补"工具,设置"修补"工具属性为"源",如图2-11所示。

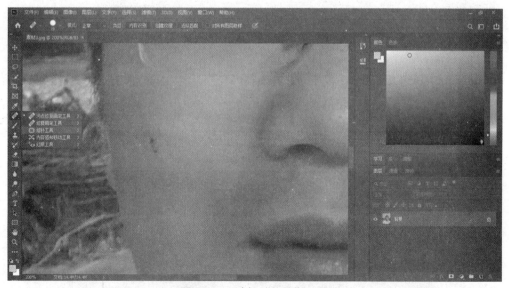

图2-11 选择"修补"工具

【充电站】PS 中 4 种不同"修补"工具的区别

仿制图章——将更改的地方改成与图中其他部分相同的样子,多用于大面积的修改。

污点修复——类似于涂抹工具的效果,可将污点抹去,多用于去掉斑点。

修复画笔——修改局部的小部分缺陷,多是线状或不规则的地方。

修补工具——可将需修改的一片区域直接更改为图中的干净区域,多用于比较孤立的部分。

【Step 4】使用鼠标,圈出需要修补的区域,向另一没有缺陷的地方移动,这样原来的位置就被融合掉了。完成后,按 [Ctrl+D] 键取消选区,如图 2-12 所示。

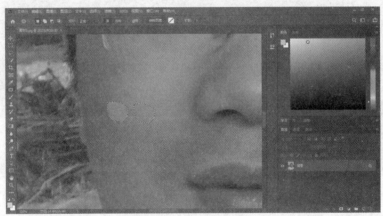

图 2-12 移动修补区域

【Step 5】选择"文件"→"存储为",文件名为"素材 33.jpg",单击"保存",品质设为"10",单击"确定"。

四、替换图中文字

【Step 1】选择"文件"→"打开"→"素材 4.jpg",导入素材到主界面,如图 2-13 所示。

图 2-13 导入"素材 4.jpg"

项目 2　图形图像素材的处理技术及应用

【Step 2】选择"魔棒"工具，容差为"32"，在白色背景上单击，按住 [Shift] 键，在部分没选中区域多次单击，使白色区域内的文字部分全部被选中，如图 2-14 所示。

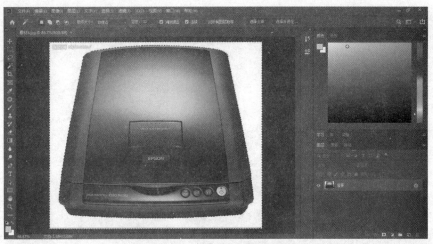

图 2-14　"魔棒"工具操作

【充电站】"魔棒"工具使用小知识

"魔棒"工具可用来做选区以抠图，可以通过设置容差值的大小来设置所抠图范围的大小，"容差"的取值范围为 0~255，数值越大，选择的范围也就越大。

【Step 3】选择"吸管"工具，在白色区域单击，将白色设置为前景色，如图 2-15 所示。

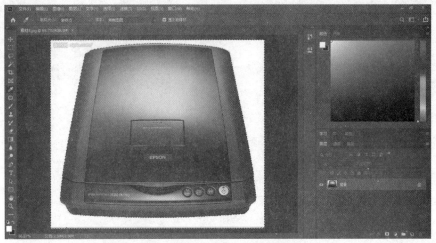

图 2-15　"吸管"工具操作

【充电站】"吸管"工具使用小知识

将"吸管"工具对准要取样的像素区域单击鼠标左键，此时前景色按钮就变成了刚刚吸取的颜色，如果按住 [Alt] 键再单击左键，就可以将当前吸取的颜色设置为背景色。

【Step 4】选择"油漆桶"工具,在文字附近多次单击,使文字被白色覆盖,完成后按[Ctrl+D]键取消选区,如图2-16所示。

图2-16 "油漆桶"工具操作

【Step 5】选择"横排文字"工具,在工具栏选项中,设置字体为"新宋体",字号为"48",颜色RGB为"50、50、50",在原文字区域输入文字"扫描仪",调整位置后,在工具选项栏单击"√"确认,如图2-17所示。

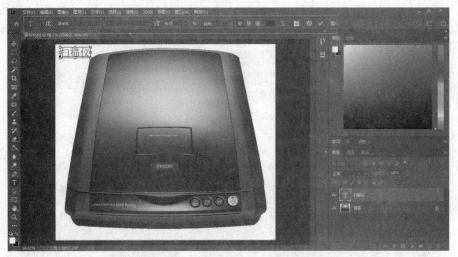

图2-17 "横排文字"工具操作

【充电站】"文字"工具使用小知识

在"文字"工具中,用"横排文字"工具和"直排文字"工具可建立横排和竖排文本,并创建一个单独的文本层;用"横排文字"蒙版和"直排文字"蒙版可制作文字形状的选区,但是不创建文字图层;文本图层为特殊图层,任何绘图工具和编辑工具不能在文本图层中使用,如果需要编辑,需要先在文字图层上右击(用鼠标右键单击),可栅格化图层。

项目 2　图形图像素材的处理技术及应用

【Step 6】选择"文件"→"存储为",文件名为"素材 44.jpg",保存类型为"JPEG",单击"保存",品质设为"10",单击"确定"。

任务 2　制作奶牛字体

任务目标

在 Photoshop 软件中,综合应用文字、滤镜、椭圆工具、动感模糊、投影、斜面和浮雕图层样式等工具,实现奶牛字体效果。最终效果如图 2-18 所示。

任务说明

为图片素材"奶牛 .jpg"添加文字"HAPPY",并为文字添加奶牛字体效果。

任务实施

【Step 1】打开 Photoshop 软件,打开"奶牛 .jpg",使用缩放工具,在工具栏选项中,选择"适合屏幕",如图 2-19 所示。

图 2-18　奶牛字体效果

图 2-19　导入奶牛素材

【Step 2】选择"横排文字"工具,输入文字"HAPPY",字体设置为"Love Ya Like A Sister",字号设置为"130",颜色 RGB 为"255、255、255",调整文字到合适位置,如图 2-20 所示。

图 2-20 输入文字

【充电站】新字体安装小知识

(1)复制粘贴法:将下载好的字体复制粘贴到 C:WINDOWS/FONTS 目录下即可。

(2)控制面板法:从"开始"菜单中,打开"控制面板",在"控制面板"中找到"字体"选项并打开,将下载好的字体直接拖过来即可。

(3)右键安装法:选中下载好的字体,在右键菜单中,选择"安装"即可。

【Step 3】选择"滤镜"→"杂色"→"添加杂色",出现是否转为智能对象或栅格化对话框,选择"栅格化",在添加杂色面板中,设置数量为"30%",分布选择"高斯分布",单击"确定",如图 2-21 所示。

图 2-21 添加杂色效果

项目 2　图形图像素材的处理技术及应用

【充电站】"滤镜"使用小知识

　　PS 中常用的滤镜有：锐化、模糊、扭曲、风格化、像素化、艺术化效果、渲染和素描等。其中"锐化"滤镜是将图像中比较模糊的地方变得清晰，但操作步骤最多不能超过三步，否则会适得其反；与"锐化"滤镜相反，"模糊"滤镜是将清晰的图像变得模糊不清，其在制作某些图像效果时被频繁使用，选取较小的数值则类似于柔化的效果。

【Step 4】选择"滤镜"→"模糊"→"动感模糊"，在"动感模糊"面板中，设置角度为"16"度，距离为"5"像素，单击"确定"，如图 2-22 所示。

图 2-22　添加动感模糊效果

【Step 5】单击图层面板底端的"图层"按钮，新建"图层 1"，如图 2-23 所示。

图 2-23　新建图层 1

【充电站】"图层"使用小知识

　　"图层"就像是含有文字或图形等元素的胶片，一张张按顺序叠放在一起，组合起来形成页面的最终效果。"图层"就像是在一张张透明的玻璃纸上作画，透过上面的玻璃纸可以看见下面纸上的内容，但是无论在上一层如何涂画都不会影响到下面的玻璃纸。上面一层会遮挡住下面的图像，最后将玻璃纸叠加起来，通过移动各层玻璃纸的相对位置或者添加更多的玻璃纸即可改变最后的合成效果。

【Step 6】选择"椭圆"工具，在工具栏选项选择"像素"模式，将前景色RGB设置为"0、0、0"，用鼠标左键在需要添加椭圆位置单击，出现"添加椭圆"对话框，设置宽度为"25"像素，高度为"20"像素，勾选"从中心"，单击"确定"，完成一个椭圆的添加。修改椭圆宽度和高度像素，添加多个椭圆，调整椭圆位置，直到效果如图2-24所示。

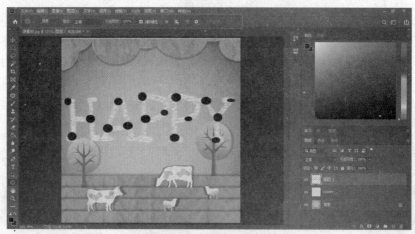

图2-24 添加椭圆

【充电站】"椭圆"工具使用小知识

"椭圆"工具建立的是路径，要转换成选区后才可以用填充命令进行填充。对由"椭圆"工具所建立的路径，在路径调板中单击空白部分，就可以将其隐藏；要用时，再单击路径，它就可以显现出来。

【Step 7】选中"图层1"，以右键单击，选择"向下合并"，将"图层1"和"HAPPY"文字图层合并。

【Step 8】选择"HAPPY"图层，在图层面板底端单击图层样式图标"fx"，选择"斜面和浮雕"，进入"图层样式"面板，设置结构深度为"300"%，大小为"15"像素，软化为"10"像素，阴影角度为"90"度，单击"确定"，如图2-25所示。

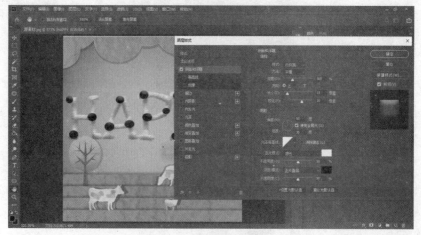

图2-25 设置斜面和浮雕

【Step 9】选择"HAPPY"图层,在图层面板底端单击图层样式图标"fx",选择"投影",进入"图层样式"面板,设置结构不透明度为"35"%,距离为"15"像素,扩展为"5"%,大小为"10"像素,单击"确定",如图 2-26 所示。

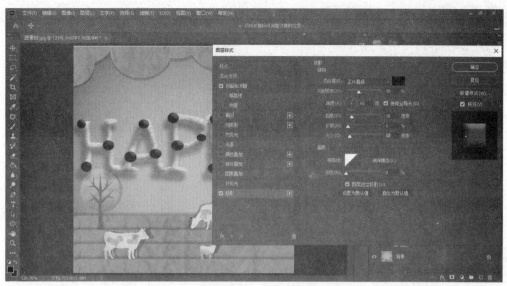

图 2-26　设置投影

【Step 10】最终效果如图 2-27 所示。

图 2-27　奶牛字体的最终效果

任务 3　制作倒影效果

任务目标

在 Photoshop 软件中，综合应用文字、滤镜、垂直翻转、线性渐变和剪贴蒙版等工具，实现文字倒影效果，最终效果如图 2-28 所示。

图 2-28　倒影效果

任务说明

为文字"倒影演示"添加倒影效果。

任务实施

【Step 1】打开 Photoshop 软件，新建文档，文档名为："制作倒影效果"，宽度为"800"像素，高度为"800"像素，单击"创建"，如图 2-29 所示。

图 2-29　新建文档

【Step 2】选择"横排文字"工具,设置字体为"宋体",字号为"130 点",颜色 RGB 为"0、0、0",在工作区输入文字"倒影演示",调整到合适位置,单击工具选项栏的"√"确定,如图 2-30 所示。

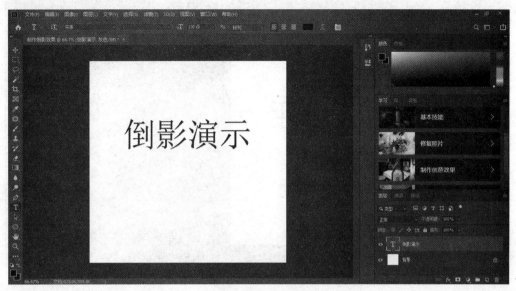

图 2-30　输入文字

【Step 3】选择"倒影演示"图层,以右键单击,选择"复制图层",出现"复制图层"面板,复制为"倒影演示 拷贝"图层,单击"确定",如图 2-31 所示。

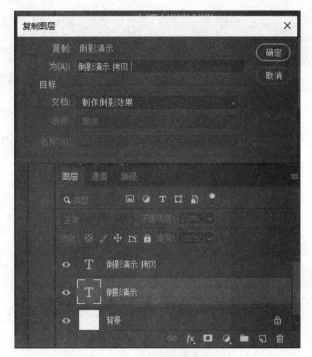

图 2-31　"复制图层"面板

【Step 4】选择"倒影演示 拷贝"图层，按住 [Ctrl+T] 键，选中文字"倒影演示"，以右键单击，选择"垂直翻转"，单击选项工具栏的"√"确定，如图 2-32 所示。

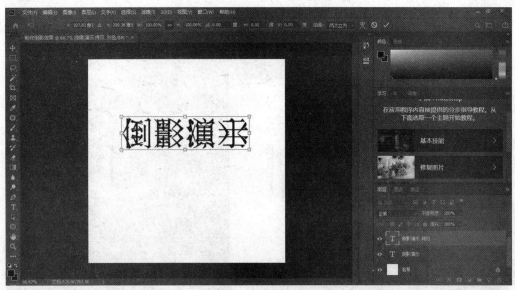

图 2-32　垂直翻转文字

【Step 5】按住 [Ctrl+T] 键，选中文字"倒影演示"，按住 [Shift+↓] 键，向下移动文字到合适位置，用鼠标选中"倒影演示 拷贝"图层，在图层面板底端单击"添加蒙版"按钮，为该文字图层添加蒙版，如图 2-33 所示。

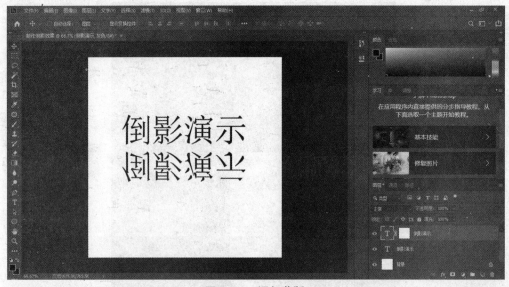

图 2-33　添加蒙版

项目 2　图形图像素材的处理技术及应用

【充电站】"蒙版"使用小知识

"蒙版"将不同灰度色值转化为不同的透明度，并作用到它所在的图层，使图层不同部位透明度产生相应的变化，黑色为完全透明，白色为完全不透明。蒙版通常分为三种：图层蒙版、剪贴蒙版和矢量蒙版。

【Step 6】选择"渐变"工具，在工具选项栏中，渐变拾色器选择"白渐变黑"（前景色为白色，背景色为黑色），选择"线性渐变"，用鼠标将开始点定在"影"字下方，从上往下移动，将结束点定在第二行倒"影"字的下方即可，如图 2-34 所示。

图 2-34　渐变倒影

【Step 7】最终效果如图 2-35 所示。

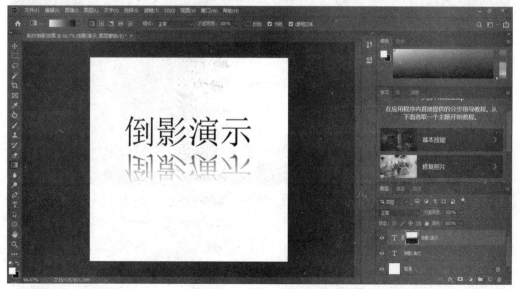

图 2-35　文字倒影最终效果

任务 4　巧用剪贴蒙版

任务目标

在 Photoshop 软件中，综合应用文字、图片剪贴蒙版、快速选择工具、图层样式以及投影效果等工具，实现背景替换效果，预期效果如图 2-36 所示。

任务说明

为背景图片和文字添加剪贴蒙版：使用风景图替换白色区域，为"秋之韵"添加文字蒙版。

图 2-36　巧用蒙版预期效果

任务实施

【Step 1】选择"文件"→"打开"→"背景 .jpg"，导入背景素材到主工作区，单击"缩放"工具，在工具选项栏选择"适合屏幕"，如图 2-37 所示。

图 2-37　导入背景素材

项目 2　图形图像素材的处理技术及应用

【Step 2】在背景图层上方新建"图层 1",选择"快速选择"工具,按住 [Shift] 键不放,使用鼠标在白色区域边界多次单击,把白色区域选中,按 [Ctrl +C] 键复制白色区域,用鼠标单击"图层 1",按 [Ctrl +V] 键粘贴,将白色区域复制到"图层 1",如图 2-38 所示。

图 2-38　确定图片蒙版区域

【充电站】"快速选择"工具使用小知识

"快速选择"工具是通过调节画笔大小来控制选择区域的大小,可以快速选择颜色差不多的区域。

【Step 3】选择"文件"→"打开"→"风景 .jpg",导入风景素材到主工作区,使用鼠标选中标题"风景 .jpg@100%(RGB/8#)",并往右下角方向拖动,位置关系如图 2-39 所示。

图 2-39　导入风景素材

41

【Step 4】选择"移动"工具,单击选中风景素材,按住鼠标左键不放,当移动到背景图片中白色区域,鼠标光标右下角出现"+"时松开,在图层面板自动新建"图层2",关闭"风景.jpg"图片,如图2-40所示。

图2-40 移动风景素材

【Step 5】在图层面板中,选择"图层2",以右键单击,选择"创建剪贴蒙版",适当调整风景位置,用风景素材替换白色区域,如图2-41所示。

图2-41 创建图片剪贴蒙版

【Step 6】选择"横排文字"工具,在工具选项栏中设置字体为"黑体",字号为"100点",颜色 RGB 为"0、0、0",在风景素材左下角输入文字"秋之韵",单击工具选项栏的"√"确定,如图 2-42 所示。

图 2-42 添加文字

【Step 7】选择"文件"→"打开"→"文字蒙版.jpg",导入文字蒙版素材到主工作区,使用鼠标选中标题"文字蒙版.jpg@66.7%(RGB/8#)",并往右下角方向拖动,位置关系如图 2-43 所示。

图 2-43 导入文字蒙版

【Step 8】按照【Step 4】方法，将文字蒙版素材移动到"秋之韵"上方，并自动新建"图层3"，关闭"文字蒙版.jpg"，如图2-44所示。

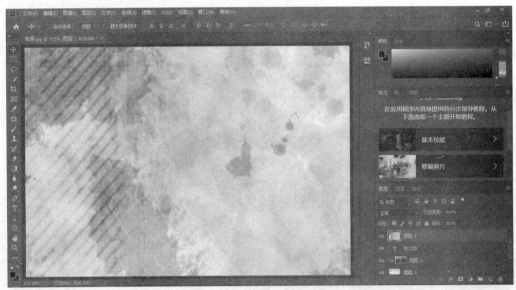

图2-44　移动文字蒙版

【Step 9】在图层面板中，选择"图层3"，以右键单击，选择"创建剪贴蒙版"，调整文字蒙版到合适位置，如图2-45所示。

图2-45　创建文字剪贴蒙版

项目2　图形图像素材的处理技术及应用

【Step 10】选中"秋之韵"图层，在图层面板底端选择"图层样式"按钮"fx"，以右键单击，选择"投影"，进入"图层样式"面板，设置结构不透明度为"75"%，角度为"30"度，距离为"7"像素，大小为"7"像素，单击"确定"，如图2-46所示。

图2-46　设置文字投影效果

【Step 11】最终效果如图2-47所示。

图2-47　剪贴蒙版最终效果

课后作业

1. 讨论：你认为小学教师在日常工作和生活中需要掌握的图片处理技术有哪些？
2. 探索：请查找和整理 Photoshop 软件工具栏所有工具的快捷键。
3. 实操：请使用 Photoshop 软件，自拟主题，为幸福小学五年级 2 班的笔友周卫星同学制作一张贺卡。

作业答案：

1. 修改图片尺寸和大小；调整亮度、对比度和饱和度；修补图片缺陷、裁剪图片；制作黑板报、各类视觉效果等。

2. Photoshop 工具栏所有工具快捷方式如下：如需要选择组内其他工具，同时按住［Shift］键即可；移动工具［V］；矩形、椭圆选框工具［M］；套索、多边形套索、磁性套索［L］；魔棒工具［W］；裁剪工具［C］；图框工具［K］；吸管、颜色取样器［I］；修复工具［J］；画笔工具［B］；橡皮图章、图案图章［S］；历史记录画笔工具［Y］；橡皮擦工具［E］；渐变工具［G］；模糊、锐化、涂抹工具［R］；减淡、加深、海绵工具［O］；铅笔、直线工具［N］；钢笔、自由钢笔、磁性钢笔［P］；添加锚点工具［+］；删除锚点工具［−］或［Del］；文字、文字蒙版、直排文字、直排文字蒙版［T］；路径选择工具［A］；多边形工具［U］；抓手工具［H］；缩放工具［Z］；默认前景色和背景色［D］；切换前景色和背景色［X］。

3. 选择合适的主题，综合应用文字、图片剪贴蒙版、快速选择工具、图层样式和投影效果等 Photoshop 工具，完成贺卡的制作。

项目3 音频素材的处理技术及应用

学习导航

学习重点： 音频剪辑、多轨编辑、制作伴奏带、录音、降噪、淡入淡出等

学习难点： 淡入淡出、录音、降噪

学习目标： 通过完成4个任务，熟悉Audition软件波形和多轨两种工作模式，并综合应用工具与效果完成音频的编辑

学习方法： 任务驱动式、混合式学习

学习课时： 4

知识结构：

- 任务1 掌握Audition基础操作
- 任务2 制作伴奏带
- 任务3 剪辑歌曲串烧
- 任务4 录制诗歌赏析

音频素材的处理技术及应用

任务 1　掌握 Audition 基础操作

任务目标

熟悉 Audition 软件的波形和多轨两种工作模式，掌握 Audition 的基本操作。

相关知识

1. 声音

声音在物理学上被称为声波，它因物体振动而产生。声音有振幅、频率两个物理属性，还有音调、响度、音色三个感知特性，这三个感知特性被称为声音的三要素。声波的振幅决定了声音的响度，振幅越大，响度越大；声波的频率决定了音调的高低，频率越高，音调越高。

2. 音频数字化

日常生活中的各种声音为模拟音频信号，如果要用计算机对音频信息进行处理，则首先要将模拟音频信号（如语音、音乐等）转换为数字信号，这个过程称为音频数字化，需要经过采样、量化和编码三个过程。

3. 声音文件的参数

（1）采样频率：每秒采集声音信号的次数。

（2）量化精度：音频信号的采集质量，以"位"为单位。

（3）压缩率：音乐文件压缩前后大小的比值。

（4）声道数：同时记录的信号数。

（5）声音文件大小 = 采样频率 × 量化精度 × 声道数 ÷8，单位为字节数 / 秒。

在相同的采样频率下，量化精度越高，声音的质量就越好。同理，在相同量化精度的情况下，采样频率越高，声音效果也就越好。

4. 常见的音频文件格式

常见的音频文件格式如表 3-1 所示。

表 3-1　常见的音频文件格式

格式	格式说明
WAV	WAV 格式是经典的 Windows 多媒体格式。WAV 文件由于没有被压缩而占据较大空间，但它的音质很高，是音乐创作的首选格式，也适合保存音频素材
MP3	MP3 格式是网上最流行的音频文件格式。它采用有损压缩，压缩比可高达 1：10，甚至 1：12。MP3 文件体积小，音质也不错
AIFF	AIFF 格式是苹果公司开发的一种未压缩、无损音频文件格式，是苹果电脑的标准音频格式，属于 QuickTime 技术的一部分
WMA	WMA 的压缩率一般可以达到 1：18，生成的文件大小只有相应 MP3 文件的一半，音质与 MP3 差不多，支持防盗版技术
APE	APE 文件是一种流行的无损音频压缩文件，在音质不降低的前提下，大小可压缩到传统无损格式 WAV 文件的一半
MIDI	MIDI 是 Music Instrument Digital Interface（数字化乐器接口）的缩写，它将音符记录为数字，通过重组数字（FM 或波表合成）回放声音，文件体积小，1 分钟约 3.4 KB
ACC	ACC 是遵循 MPEG-2 的规格所开发的音频格式。和 MP3 比起来，它的音质比较好，可以和 CD 媲美，也能够节省大约 30% 的储存空间与带宽

项目 3　音频素材的处理技术及应用

任务说明

为诵读添加背景音乐，对背景音乐进行裁剪，导出 MP3 文件。注意：背景音乐声音不能太大。

任务实施

【Step 1】安装好 Audition 软件后，启动软件，进入软件工作环境，如图 3-1 所示。

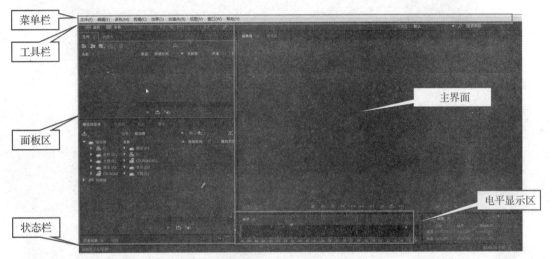

图 3-1　Audition 的波形模式工作界面

【充电站】Adobe Audition 软件介绍

　　Adobe Audition 是一款功能强大的专业声音采集与处理的音频软件，它因界面简洁、简单易学、功能齐全而被广大使用者喜爱。其原名为 Cool Edit Pro，后被 Adobe 公司收购，改名为 Adobe Audition。Audition 提供先进的音频混合、编辑、控制和效果处理功能，可以轻松创建音乐、制作广播短片、修复声音录制缺陷等。它有多轨和波形两种模式，通常在波纹模式下对音频进行裁剪、降噪、压缩等处理，在多轨模式下进行混缩，最多支持 128 条音轨。

【Step 2】选择"文件"→"导入"→"文件"命令，如图 3-2 所示；在打开的"导入文件"对话框中按住［Ctrl］键，单击"诵读作品.mp3"和"背景音乐.mp3"两个音频素材，可将它们同时选中，单击"打开"按钮即可导入，如图 3-3 所示。

图 3-2　导入音频文件

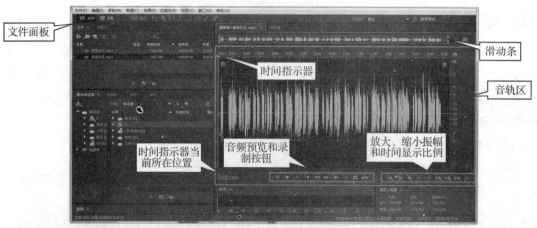

图 3-3 导入文件后的波形模式

> **【充电站】导入多个文件的小技巧**
>
> 在"导入文件"对话框中，按住 [Ctrl] 键可选择多个不连续的文件，以便同时导入；如果要选择多个连续文件，则按住 [Shift] 键依次单击第一文件和最后一个文件，便可选中这两个文件和它们之间的多个文件。

【Step 3】单击工具栏中"多轨"按钮 ，在"新建多轨会话"对话框中设置参数（图3-4），创建"任务一.sesx"文件。

【Step 4】将"文件"面板中的"诵读作品.mp3"和"背景音乐.mp3"分别拖到音轨1和音轨2中，如图3-5所示。

图 3-4 "新建多轨会话"对话框

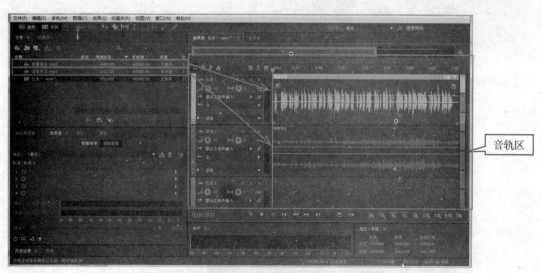

图 3-5 将音频文件插入音轨后的多轨模式

【充电站】采样率不匹配情况

如果插入音轨中的音频文件与多轨会话文件的采样率不一致，则软件会弹出一个提示框，如图3-6所示。在该对话框中单击"确定"按钮，则会生成一个与多轨会话文件采样率相同的音频文件副本，并插入音轨中。

图3-6 采样率不匹配提示

【Step 5】单击音轨区下方的"缩小（时间）"按钮，使得所有音频波形都显示出来。使用工具栏中的"时间选择"工具，在轨道2中拖动鼠标选择多余的音频波形，然后点击鼠标右键，在右键快捷菜单中单击"删除"命令将其删除，如图3-7所示。

图3-7 删除多余的背景音乐

【充电站】常用小工具

（1）选择"移动"工具后，单击可选中音轨中的某个音频片段，在音频片段上按住鼠标左键不放并拖动可移动音频片段。

（2）选择"时间选择"工具后，在音轨中音频上按住左键进行拖动可选择拖动范围内的音频片段。

（3）选择"切断所选剪辑"工具后，在音轨中音频上单击，可在单击位置将音频分割为两个部分。

（4）选择"滑动"工具后，在编辑过的音频片段上按住鼠标左键进行拖动，可在播放时长不变的情况下改变音频片段的开始播放位置和结束播放位置。

【Step 6】将时间指示器移至 0 秒处，单击音轨区下方的"播放"按钮 ▶，进行试听，如果背景音乐音量太大，则在轨道 2 的属性面板中设置音量选项值为"–6"，从而减小背景音乐的音量，如图 3-8 所示。

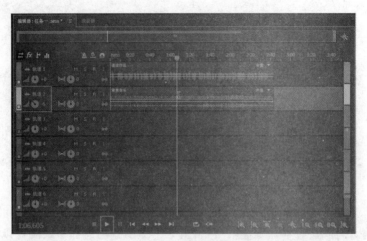

图 3-8　调整音量

【充电站】重置工作区

如果工作界面改变了，想恢复为系统默认状态，可使用工具属性栏右侧"工作区"从下拉列表中选择"重置'默认'"，如图 3-9 所示。

【Step 7】使用"文件"→"保存"命令保存编辑好的多轨会话文件，然后使用"文件"→"导出"→"多轨混音"→"整个会话"命令，在打开的"导出多轨混音"对话框中设置好参数，单击"确定"导出 MP3 音频文件，如图 3-10 所示。

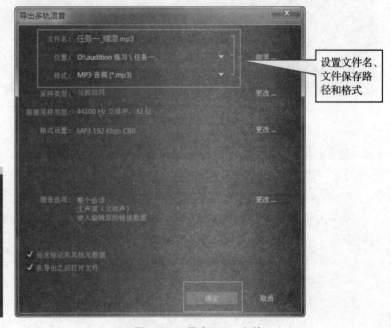

图 3-9　重置工作区　　　　　图 3-10　导出 MP3 文件

项目 3　音频素材的处理技术及应用

【充电站】选择比特率

在"格式设置"后的"更改"中可以根据需要选择比特率，以调节文件的大小。音乐类音频的最佳质量在 192~320 Kb/s，可最大程度保留不同的乐器声，但文件较大；演讲、解说等纯语音类可以设置在 64~96 Kb/s，其文件较小；一般保持默认。

任务 2　制作伴奏带

任务目标

在 Audition 软件中，通过效果组中"效果"命令消除歌曲中人声部分，从而制作伴奏带。

任务说明

制作伴奏带，在波形模式下编辑音频文件"三生三世.mp3"。

（1）"三生三世.mp3"音频时长共 4 min 17 s，请保留 0 min 20 s~2 min 4 s 的音频信息，其余部分删除。

（2）去掉歌曲中的原唱声音。

（3）保存为"三生三世伴奏.mp3"。

任务实施

【Step 1】在文件面板中点击鼠标右键，在右键菜单中选择"打开"或"导入"命令，打开"三生三世.mp3"，如图 3-11 所示。

执行操作后，效果如图 3-12 所示。

图 3-11　打开音频文件

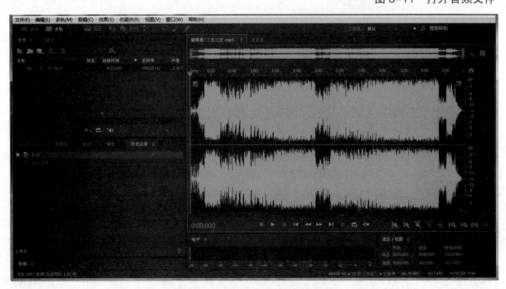

图 3-12　打开文件后的波形图

53

【Step 2】在音轨区下方的"选区/视图"面板中,设置开始和结束时间,选择 0 min 20 s~ 2 min 4 s 的音频信息(也可以使用工具栏中的"时间选择"工具 进行选择),如图 3-13 所示。

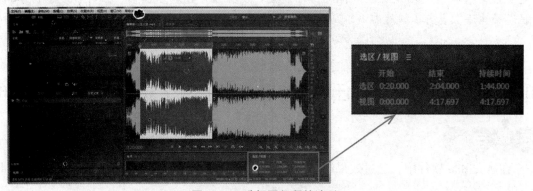

图 3-13　选择要保留的波形

【Step 3】在选中的音频波形中点击鼠标右键,在右键快捷菜单中单击"裁剪"命令便可保留选中的音频片段,如图 3-14 所示。

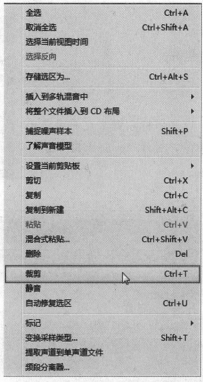

图 3-14　保留音频片段

【充电站】"历史记录"面板

　　如果操作失误,可以使用 [Ctrl+Z] 键撤销上一步操作;如果想撤销多次操作,则可以在菜单栏中选择"窗口"→"历史记录",将"历史记录"面板调用出来,如图 3-15 所示。

项目3 音频素材的处理技术及应用

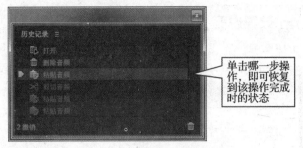

图3-15 "历史记录"面板

【Step 4】双击选中全部音频波形，单击菜单栏中"效果"→"立体声声像"→"中置声道提取"命令，在打开的"效果－中置声道提取"对话框中设置参数，单击"预览播放/停止"按钮 ▶ 试听效果，如图3-16所示。

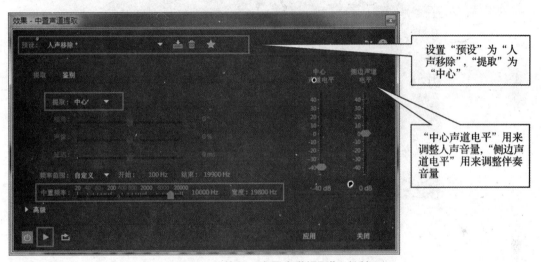

图3-16 "效果－中置声道提取"对话框

【充电站】"中置频率"参数设置

"中置频率"参数越小，人声移除效果越好，同时对音频的损伤也越大，一般选择适中即可。

【Step 5】试听效果满意后，单击"应用"按钮开始消除人声，消除人声前后的波形如图3-17所示。

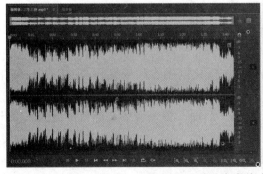 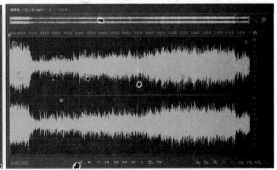

图3-17 消除人声前（左图）后（右图）的波形

55

【充电站】伴奏带制作效果说明

　　用这种方法制作的伴奏带，原唱声音不会消除得十分干净，但是已经能够满足我们一般的需要了，演唱时，演唱者的声音可以盖住没消除干净的原声。制作伴奏带时尽量找音质非常好、原版声音混响不大的 WAV 文件；此外，单声道不能消除原唱声音，必须是立体声。

【Step 6】使用"文件"→"另存为"命令，保存编辑好的伴奏音乐为"三生三世伴奏.mp3"，如图 3-18 所示。

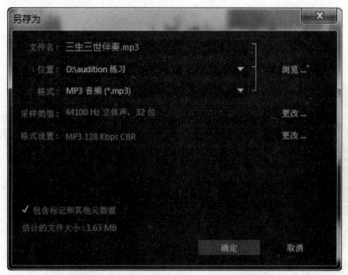

图 3-18　利用"另存为"对话框保存文件

任务 3　剪辑歌曲串烧

任务目标

在 Audition 软件中，通过裁剪、拼接和淡入淡出等将多个音频拼接成一个音频文件。

任务说明

制作歌曲串烧：将"青春修炼手册.mp3"和"少年.mp3"两个音频文件拼接在一起。
要求：
（1）截取"青春修炼手册.mp3"中开始到 1 min 53 s 之间的音频信息和"少年.mp3"中 43 s 到末尾之间的音频信息，将它们拼接在一起。
（2）将"少年.mp3"拼接在"青春修炼手册.mp3"后面，整个音频文件首尾做淡入淡出处理，并且在拼接处进行声音淡入淡出处理。
（3）保存为"歌曲串烧.wav"。

项目 3　音频素材的处理技术及应用

> 【充电站】音频淡入淡出效果
>
> 　　很多音频在开始和结尾的部分采用淡入淡出效果。淡入效果是指音频在开始时无声，然后声音慢慢增大起来到正常音量的一个和谐过渡；淡出效果则一般是指在音频结尾部分，声音缓缓地低下去，由大变小，逐渐消失的过程。淡入淡出效果的使用，使得音频的过渡比较和缓，不会突然出现而吓着人，也不会突然消失而让人难受，而会给人一种听觉上的心理过渡时间。

任务实施

【Step 1】使用菜单栏"文件"→"新建"→"多轨会话"命令（图 3-19），创建"任务三.sesx"文件。

【Step 2】导入"青春修炼手册.mp3"和"少年.mp3"两个音频文件，如图 3-20 所示。

图 3-19　"新建多轨会话"文件

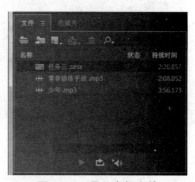

图 3-20　导入音频文件

【Step 3】双击"文件"面板中的"青春修炼手册.mp3"，切换到波形模式，使用时间选择工具选中多余的音频片段，在音轨区下方的"选区 / 视图"面板中，将开始时间设置为 1 min 53 s，单击回车键，则开始时间会精准定位到 1 min 53 s 处，如图 3-21 所示；然后，按 [Delete] 键删除选中的多余音频片段。

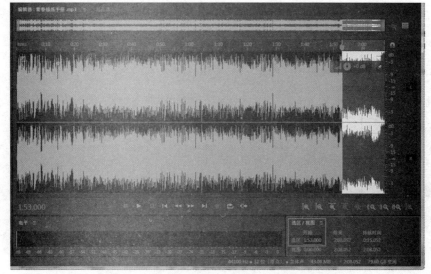

图 3-21　准确定位时间指示器并删除多余音频

【Step 4】选中要淡入的波形，如图 3-22 所示。选择"效果"→"振幅和压限"→"淡化包络（处理）"命令，在打开的"效果－淡化包络"对话框中，将预设设置为"平滑淡入"，如图 3-23 所示；单击"应用"按钮，则完成了淡入效果处理。

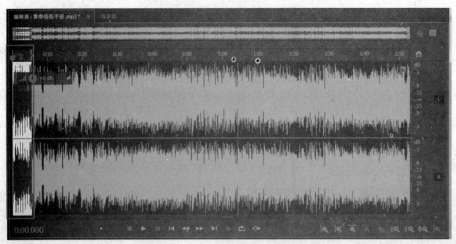

图 3-22 选中要淡入的波形

【充电站】音频淡入淡出处理小技巧

如果要处理成淡出的效果，则可在"效果－淡化包络"对话框中将"预设"设置为"平滑淡出"，单击"应用"按钮即可。

在进行淡入淡出效果处理时，需先选中音频波形时间范围，如果不选，则将对整段音频进行处理。

图 3-23 "效果－淡化包络"对话框

【Step 5】双击"文件"面板中的"任务三.sesx"，切换到多轨模式，将"文件"面板中的"青春修炼手册.mp3"拖到轨道 1 中，如图 3-24 所示。

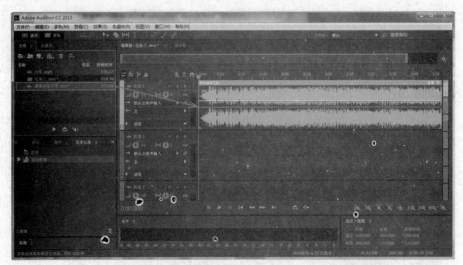

图 3-24 将音频文件插入音轨中

【Step 6】双击"文件"面板中的"少年.mp3",切换到波形模式,选中从 43 s 开始到末尾之间的音频信息,点击鼠标右键,在右键快捷菜单中选择"插入到多轨混音中"→"任务三",如图 3-25 所示。

图 3-25 剪辑音频片段并插入多轨混音中

【Step 7】此时我们在多轨模式中看到后插入的"少年.mp3"音频片段覆盖在轨道 1 中原有的音频上,使用"移动"工具 按住鼠标左键不放向右拖动音频(图 3-26),能看到两条黄色的弧形,这是在音频重叠处自动进行了对前段音频的淡出处理和后段音频的淡入处理。继续拖动到合适的位置,使重叠部分持续时间不要太长(图 3-27),即在拼接处完成了淡入淡出处理。

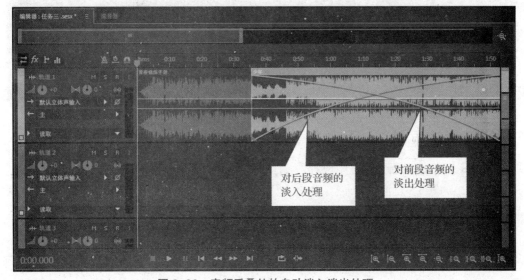

图 3-26 音频重叠处的自动淡入淡出处理

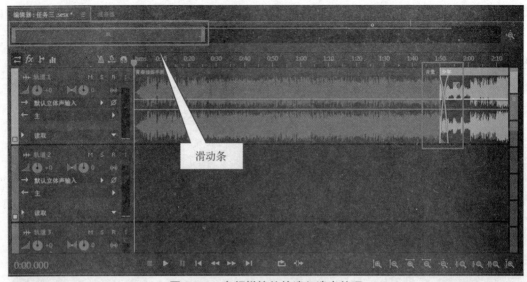

图 3-27 音频拼接处的淡入淡出处理

【Step 8】双击"滑动条",使所有音频波形全部显示。将时间指示器移至音频末尾处,放大波形图,找到如图 3-28 所示的小方块,按住鼠标左键不放向左拖动小方块,完成淡出处理。

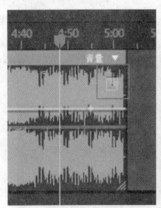 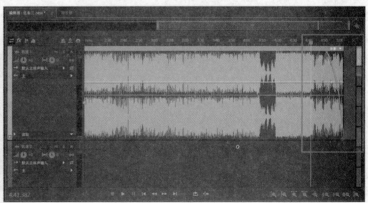

图 3-28 利用方形按钮完成淡出处理

【Step 9】使用"文件"→"保存"命令保存编辑好的多轨会话文件,然后使用"文件"→"导出"→"多轨混音"→"整个会话"命令,在打开的"导出多轨混音"对话框中设置好参数,单击"确定"导出"歌曲串烧.wav"音频文件,如图 3-29 所示。

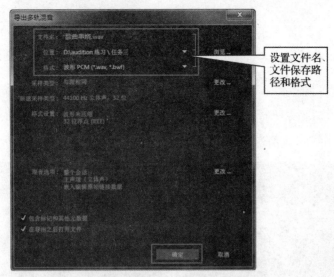

图 3-29 导出 WAV 文件

【充电站】三种淡入淡出处理方法

（1）使用波形图像上左右小方块（淡入、淡出）来控制淡入淡出，具体参照任务 3【Step 9】。

（2）多轨模式下，当两个剪辑重叠时会自动交叉淡化，具体参照任务 3【Step 7】。

（3）波形模式下，选择一段音频，使用"效果"→"振幅和压限"→"淡化包络（处理）"命令设置淡入效果；或使用"效果"→"淡化包络"→"平滑淡出"命令设置淡出效果，具体参照任务 3【Step 4】。

任务 4　录制诗歌赏析

任务目标

在 Audition CC 软件中，通过导入视频中的音频信息、录制声音、降噪和拼接与裁剪音频信息制作诗歌赏析。

任务说明

录制诗歌赏析：

（1）前半部分为视频文件中的诗歌朗诵音频。

（2）第二部分录制诗歌的赏析。

（3）为录制的音频进行降噪处理。

（4）第三部分添加音乐"大风歌 – 歌曲 .mp3"，只保留 1 min 16 s 之后的音频信息。

（5）保存为"《大风歌》赏析 .mp3"。

任务实施

【Step 1】使用菜单栏"文件"→"新建"→"多轨会话"命令,创建"任务四.sesx"文件,如图 3-30 所示。

【Step 2】导入视频文件"《大风歌》诵读视频..mp4"和音频文件"大风歌-歌曲.mp3",这时软件会自动提取视频文件中的音频信息,生成一个名为"《大风歌》诵读视频..mp4_音频"的音频文件,如图 3-31 所示。

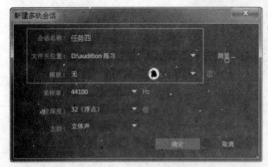

图 3-30 新建多轨会话

图 3-31 导入视频文件

【Step 3】将"文件"面板中的音频文件"《大风歌》诵读视频..mp4_音频"拖到轨道 1 中,如图 3-32 所示。

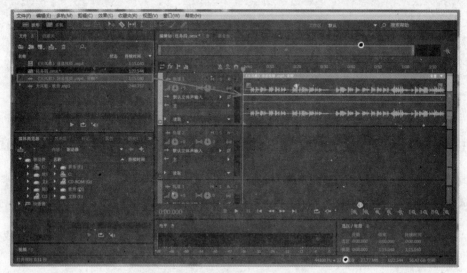

图 3-32 将音频文件插入音轨中

【诗歌原文】

　　大风歌

　　(作者:刘邦)

　　大风起兮云飞扬。

　　威加海内兮归故乡。

　　安得猛士兮守四方!

【Step 4】接下来在轨道 2 中录音。在录音前,需先设置好麦克风录音音量。在 Windows 任务栏右侧,单击音量图标 ,再单击"录音设备";在"录制"选项卡中"麦克风"一栏点击右键,将麦克风设置为默认设备;然后单击"属性",在"级别"选项卡中调整音量,如图 3-33 所示。

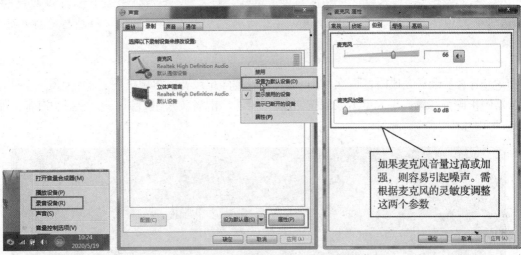

图 3-33 设置麦克风和录音音量

【Step 5】录制。将时间指示器移动至轨道 1 的音频末尾,单击轨道 2 左侧的录制按钮,再单击音轨下方的录制按钮,开始录音,如图 3-34 所示。

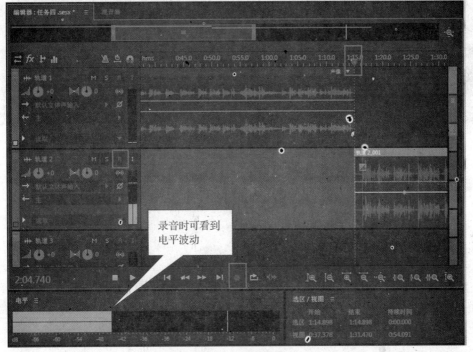

图 3-34 录制声音

【录制内容】

《大风歌》是汉朝皇帝刘邦创作的一首诗歌，它抒发了作者远大的政治抱负，也表达了他对国事忧虑的复杂心情。这首诗歌只有区区三句话，前两句直抒胸臆，雄壮豪放，同时也显得踌躇满志，第三句却突然透露出前途未卜的焦灼，抒发了作者内心对国家尚不安定的浓郁的惆怅。全诗浑然一体、语言质朴、大气磅礴，包含了双重的思想感情，别具一格。

【Step 6】录音完成时，再次单击录制按钮 停止录音，再单击停止按钮 ，这时时间指示器停止向前移动；再次单击录制按钮 ，接着单击播放按钮 听一听录制的声音，如图3-35所示。

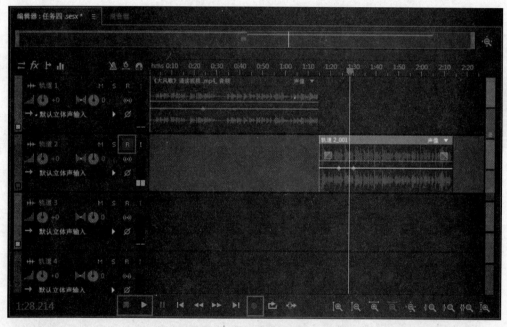

图 3-35　录音完成

【充电站】音轨属性面板按钮

（1）静音按钮［M］：按下该按钮，则本音轨处于静音状态。

（2）独奏按钮［S］：按下该按钮，则除本音轨外其他所有音轨都处于静音状态。

（3）录制按钮［R］：按下该按钮，则本音轨被切换到录音状态。

【Step 7】接下来对录制的音频进行降噪处理，使用移动工具选中轨道2中所有录音音频，使用菜单栏"效果"→"降噪/恢复"→"自适应降噪"命令，在打开的"组合效果 - 自适应降噪"对话框中调整参数，可以边试听边调整，如图3-36所示。

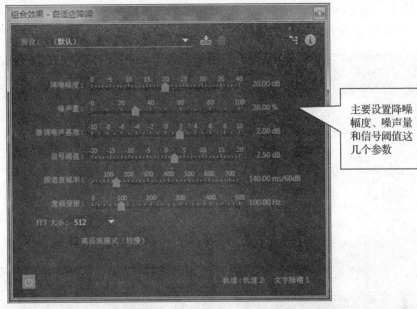

图 3-36 设置"组合效果 – 自适应降噪"对话框

【Step 8】将"文件"面板中的"大风歌 – 歌曲 .mp3"拖入轨道 3 中。

【Step 9】在音轨区下方的"选区 / 视图"面板中，将开始时间设置为 1 min 16 s 后点击回车键，则时间指示器会移动到 1 min 16 s 处，选中工具栏中的切断所选剪辑工具，如图 3-27 所示；在轨道 3 指示器所在的位置点击左键，则音频从此处被切割为两部分。使用移动工具选中多余的音频片段，按 [Delete] 键删除，如图 3-37 所示。

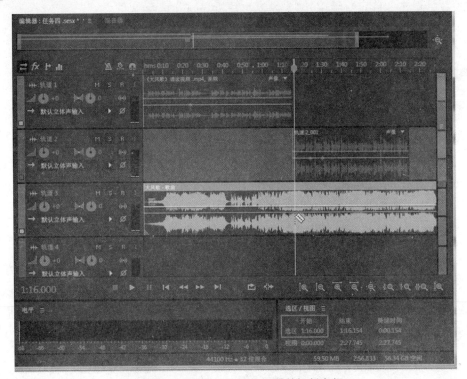

图 3-37 准确定位时间指示器并切割音频

【Step 10】在轨道 3 中拖动音频信息到轨道 2 音频末尾处，然后试听并调整各个音轨的音量，使整个音频的音量大小协调，如图 3-38 所示。

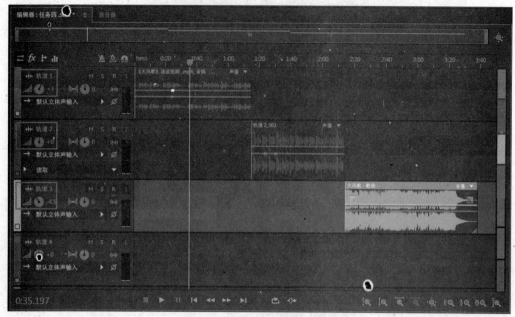

图 3-38 调整各个音轨的音量

【Step 11】使用"文件"→"保存"命令保存编辑好的多轨会话文件，然后使用"文件"→"导出"→"多轨混音"→"整个会话"命令，在打开的"导出多轨混音"对话框中设置好参数，单击"确定"导出《大风歌》赏析 .mp3 音频文件。

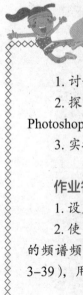

课后作业

1. 讨论：你认为小学教师在日常工作和生活中需要掌握的音频处理技术有哪些？

2. 探索：Audition CC 工具栏中的画笔选择工具 、污点修复画笔工具 与 Photoshop 中的画笔工具、污点修复画笔工具的功能与使用方法是否类似？

3. 实操：请使用 Audition 软件录制自己演唱的歌曲。

作业答案：

1. 设置音频淡入淡出、截取音频片段、制作伴奏带、制作串烧歌曲和录制人声等。

2. 使用方法类似。操作提示：单击工具栏中"显示频谱频率显示器"，在打开的频谱频率显示界面中使用画笔选择工具和污点修复画笔工具对音频进行编辑（图 3-39），用画笔选择工具选择部分频谱。

图 3-39　使用画笔选择工具等对音频进行编辑

3. 操作提示：

（1）下载音乐：从网上下载自己要演唱歌曲的 MP3 文件。

（2）制作伴奏带："效果"→"立体声声像"→"中置声道提取器"；设置："预设"→"人声移除"；"提取"→"中心"；"频率范围"→"自定义"。

（3）新建多轨混音："文件"→"新建"→"多轨会话"，将伴奏带拖入轨道 1。

（4）录制演唱：在轨道 2 中单击录制按钮"R"，录制自己的演唱。

（5）导出音频：保存多轨会话，将编辑好的音频导出为"我的单曲.mp3"。

项目 4　视频素材的处理技术及应用

学习重点： 转换视频格式、创建项目和序列、导入和编辑素材、保存项目、导出影片，应用视频过渡效果、新建黑场视频素材、应用视频效果制作特效、创建静态和动态字幕、应用音频过渡效果、设置运动属性、设置动画关键帧

学习难点： 应用视频效果制作特效、设置动画关键帧、创建动态字幕

学习目标： 通过完成 4 个任务，掌握使用格式工厂转换视频格式，熟悉 Premiere 软件各个面板和工具，掌握视频的基本编辑方法并综合运用各种特效的添加与设置制作视频作品

学习方法： 任务驱动式、混合式学习

学习课时： 7

知识结构：

任务1　掌握Premiere基础操作

任务3　制作《校园风光》电子相册

视频素材的处理技术及应用

任务2　制作《美丽峡谷》短片

任务4　制作《可爱的鸟儿》合辑

任务 1　掌握 Premiere 基础操作

任务目标

掌握视频编辑的相关知识，掌握使用格式工厂转换视频格式的方法，熟悉 Premiere 的工作界面。

相关知识

1. 视频

视频是由一幅幅静态的图片按照一定的顺序和速度连续播放出来的，人眼由于有视觉暂留现象，所以会产生运动画面的感觉。根据视觉暂留原理可知，若视频的摄录速度和播放速度都保持在每秒 24 幅图片以上，则人眼无法分辨出单独的静态图片，于是看到平滑和连续的画面效果。

帧：组成视频的每一幅静态图片。

帧速率（帧频）：每秒显示的图片数量，单位是帧 / 秒（f/s）。

目前，电影的帧频一般为 24 f/s，而电视的帧频约为 25 f/s 或 30 f/s。

2. 电视制式

各个国家对电视影像制定的标准各不相同，其制式也不同，目前国际上流行的制式有 PAL、NTSC 和 SECAM 三种，如表 4-1 所示。

表 4-1　常见电视制式

制式	解释	帧频 /(f·s⁻¹)	每帧行数	扫描方式	分辨率	适用地区
PAL	Phase Alternate Line 相位远行交换	25	625	隔行扫描	720×576	中国、英国、澳大利亚、新西兰和大部分欧洲国家等
NTSC	National Television Standard Committee 国家电视制式委员会	30	525	隔行扫描	720×480	美国、加拿大、墨西哥、日本、大部分中美和南美地区等
SECAM	Sequential Color and Memory System 顺序传输色彩存储	25	625	隔行扫描	720×576	俄罗斯、法国和中东地区等

3. 像素与分辨率

像素与分辨率都是影响视频质量的重要因素，与视频的播放效果有着密切联系。像素是组成图像的最基本元素，每个像素就是一个小色块，只能显示一种颜色，多个像素共同组成整幅图像。分辨率则是指整幅图片中像素的数量，通常用"水平方向像素数量 × 垂直方向像素数量"的方式来表示，例如 1024×768、720×576 等。也就是说，如果一张图片的分辨率是720×480，那么我们就应该知道这张图片在水平方向有720个像素（色块），垂直方向有480个像素（色块）。

在画面尺寸相同的情况下，分辨率越大，像素数量也就越多，视频的清晰度也就越高，同时所占用的存储空间也越大；反之，视频画面的清晰度也就越低。

4. 帧宽高比与像素宽高比

帧宽高比即视频画面的宽高比，常见的电视规格为：标准的4∶3和宽屏的16∶9，如图4-1所示。目前有的电影具有更宽的比例。

像素宽高比则是指视频画面内每个像素的长宽比；视频所采用的视频标准决定了像素宽高比，如选择D1/DV PAL制式的时候，默认像素宽高比是1.07。通常情况下，计算机显示器使用正方形像素显示画面，其像素宽高比为1.0；电视机通常使用矩形像素，如标准PAL制式的电视像素宽高比为1.07，宽屏PAL制式的像素宽高比为1.42。

（a）　　　　　　　　　　　　　　（b）

图4-1　帧宽高比
（a）16∶9；（b）4∶3

5. 常见的视频文件格式

常见的视频文件格式如表4-2所示。

表4-2　常见的视频文件格式

格式	格式说明
AVI	AVI格式由微软公司开发，主要应用在多媒体光盘上，用来保存电视、电影等各种影像信号；它调用方便、图像质量好，但缺点是文件体积过于庞大。在AVI文件中，伴音与视频数据交织存储，播放时可以获得连续的信息。这种视频文件格式灵活，现在几乎所有运行在PC机上的通用视频编辑系统都是以AVI文件格式为主的
MOV	MOV格式是美国苹果公司开发的一种视频格式，具有很高的压缩率和较高的清晰度，文件体积小。其最大特点是跨平台技术，不仅能支持Mac Os，同样也支持Windows系列操作系统，其文件使用QuickTime播放
ASF	ASF格式是微软公司为了和Real Player竞争而开发出来的一种可以直接在网上即时观看视频节目的压缩文件格式。它采用MPEG4的压缩算法，压缩率和图形质量都不错
MP4	MP4格式涵盖一套用于音频、视频信息的压缩编码标准，目前被广泛应用；采用先进的图像压缩标准，播放效果清晰，而且文件体积较小

项目 4　视频素材的处理技术及应用

续表

格式	格式说明
RM/RMVB	RM/RMVB 格式是一种基于 Real Networks 公司的 Real Media File 格式的文件。其中，RMVB 是由 RM 视频格式升级延伸出来的，RM 格式的视频文件只适于本地播放，而 RMVB 具有较高的压缩比，除了能够进行本地播放外，还可通过互联网进行流式播放，从而只需进行极短时间的缓冲，便可使人不间断地长时间欣赏影视节目
FLV	FLV 格式的全称为 Flash Video，是一种流媒体格式。它形成的文件极小、加载速度极快，使得网络观看视频文件成为可能。它的出现克服了视频文件导入 Flash 后，使导出的 SWF 文件体积庞大，不能在网络上得到很好的使用等缺点
WMV	WMV 格式的全称为 Windows Media Video，是微软推出的一种流媒体格式，它是在"同门"的 ASF 格式上升级延伸出来的。在同等视频质量下，WMV 格式的文件可以边下载边播放，因此很适合在网上播放和传输
F4V	F4V 格式是 Adobe 公司为了迎接高清时代而推出的继 FLV 格式后的流媒体格式；它和 FLV 格式主要的区别在于，FLV 格式采用的是 H.263 编码，而 F4V 格式则支持 H.264 编码。在同等文件大小的情况下，F4V 格式能够实现更高的分辨率，并支持更高的比特率，也就是我们所说的更清晰、更流畅。目前主要在线视频网站都采用此视频格式，F4V 格式已经逐渐取代了传统的 FLV 格式。另外，从很多主流媒体网站上下载的 F4V 格式文件后缀却为 FLV，这是 F4V 格式的另一个特点
3GP	3GP 格式是一种 3G 流媒体的视频编码格式，MPEG-4 Part 14（MP4）格式的一种简化版本，常用于手机、MP4 播放器等便携设备上。其优点是文件体积小、移动性强、适合移动设备使用；其缺点是在 PC 机上兼容性差，支持软件少，分辨率、帧数低。大多数支持 3G 功能的移动电话都支持播放和录制 3GP 格式的视频

任务说明

（1）格式工厂：使用格式工厂将视频"原版咋啦爸爸舞蹈.flv"转为 MP4 格式的文件，要求只截取视频中 2~44 s 的视频，并裁剪画面使水印图标不显示。

（2）熟悉 Premiere 的工作界面。

任务实施

一、使用格式工厂转换视频格式

格式工厂是一款国内开发的多媒体格式转换软件，其优点是操作简便，安装后就可以被直接使用。它可以实现大多数视频、音频以及图像文件不同格式之间的相互转换，并且可根据需要设置文件的输出配置。下面通过实例学习使用格式工厂转换视频格式的方法。

【Step 1】安装格式工厂软件，打开其工作界面，如图4-2所示。

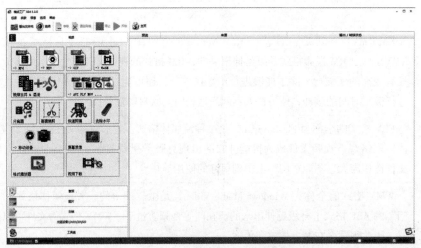

图4-2　格式工厂工作界面

【充电站】格式工厂功能介绍

格式工厂提供了音、视频文件的简单剪辑、合并、分割、混流以及裁剪和去水印等功能，包含了视频播放、屏幕录像和视频网站下载的功能。此外，还有合并PDF文件并将PDF转化为DOC、TXT、HTML等格式的功能。

【Step 2】在工作界面的左侧单击"视频"选项组中的"→MP4"按钮，如图4-3所示。

【Step 3】在打开的"→MP4"对话框中单击"添加文件"按钮，在打开的"请选择文件"对话框中选择本书配套素材文件夹中的"原版咋啦爸爸舞蹈.flv"视频文件，单击"打开"按钮，如图4-4所示。

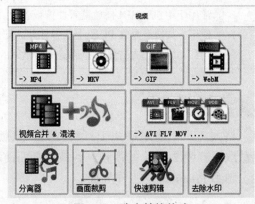

图4-3　选中转换格式

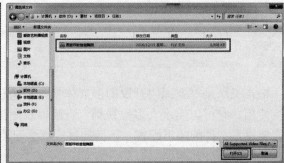

图4-4　添加要转换的视频文件

项目 4　视频素材的处理技术及应用

【Step 4】在打开的"→MP4"对话框中单击"输出设置"按钮，在打开的"视频设置"对话框中设置输出视频的视频、音频和字幕等参数。如图 4–5 所示，在"预设配置"下拉菜单中选择"AVC 高质量和大小"，配置参数保持默认值不变，单击"确定"按钮。

图 4–5　"视频设置"对话框

【充电站】视频编码方式

　　供视频编码选择的有 MPEG4（Xvid）、MPEG4（DivX）、AVC（H.264）和 HEVC（H.265）四种，这四种都是网络上流行的 MPEG4 的编码方式。H.265 和 H.264 与另两个相比，可以用较低的码率（文件体积）实现较高的画面质量。其中 H.265 是新的编码协议，是对 H.264 技术加以优化后的视频编码标准，其压缩率更大，在相同画面质量情况下，H.265 的文件体积最小。但由于编码比较小，有些播放软件、高清盒子和智能手机等不支持这种编码，因此本文案例中选用 AVC（H.264）编码方式。

【Step 5】单击"→MP4"对话框中的"剪辑"按钮，如图 4–6 所示；在打开的对话框中截取要转换的视频片段。在开始时间的时间框中输入数值"00:00:02,00"，再单击"开始时间"按钮，将开始时间设为"2 s"。用同样的方法将结束时间设为"44 s"，如图 4–7 所示。

图 4–6　"→MP4"对话框

图 4-7 截取视频片段

【Step 6】在"选择区域操作"下拉菜单中,选择"画面裁剪"命令,便可框选画面对视频画面进行裁剪,使水印图标在选框外面,如图 4-8 所示;然后单击"确定"按钮。

图 4-8 裁剪画面

项目4 视频素材的处理技术及应用

【Step 7】在弹出的"→MP4"对话框中设置视频的输出路径(图4-9),单击"确定"按钮。

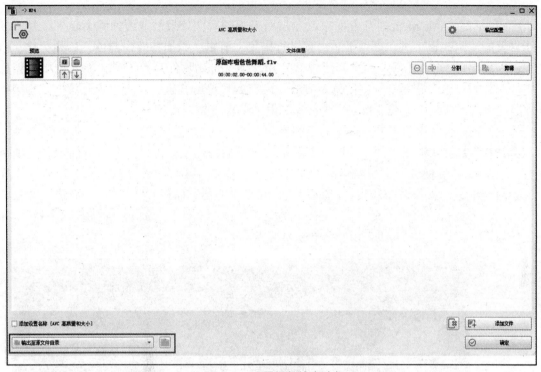

图4-9 设置视频输出路径

【Step 8】单击格式工厂工作界面上方的"开始"按钮,便可开始转换视频的格式;等待一段时间,即可在选定的文件夹中生成转换格式后的视频文件,如图4-10所示。

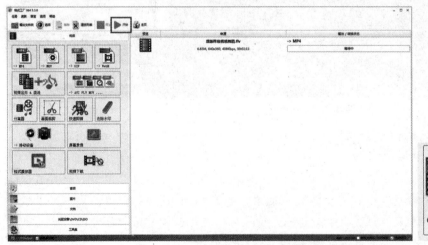

图4-10 转换视频格式

二、熟悉 Premiere 的工作界面

Premiere 是由 Adobe 公司开发的一款专门用于视频后期处理的非线性编辑软件，是一款功能强大的视频编辑工具，提供了对视频进行采集、剪辑、添加特效、调色、音频美化、添加字幕、输出以及 DVD 刻录一整套流程，并和其他 Adobe 软件高效集成，能满足用户创建高质量作品的要求。它具有实用的编辑方式、广泛的素材格式支持、高效的元数据流程等优势，因此被广泛应用于电视节目、广告制作和电影剪辑等领域。

首先，我们来认识一下 Premiere 的工作界面。

【Step 1】进入工作界面。安装好 Premiere 软件后，启动软件，在开始界面中新建项目或打开已有项目后便会打开 Premiere 的工作界面，如图 4-11 所示。Premiere Pro 的工作界面主要由菜单栏、工作区布局栏、"项目"面板、"监视器"面板、"时间轴"面板、音频电平显示区和工具箱等组成。其中，Premiere 的菜单栏由"文件""编辑""剪辑""序列""标记""图形""窗口"和"帮助"8 个菜单选项组成。

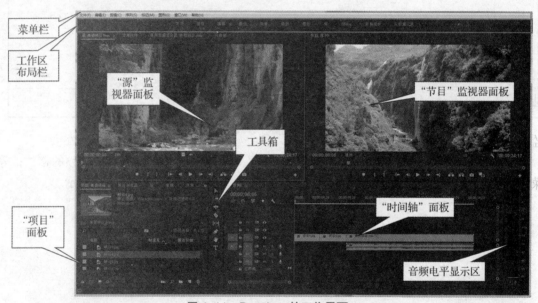

图 4-11 Premiere 的工作界面

【充电站】工作区布局栏

工作区布局栏包含学习、组件、编辑、颜色、效果和音频等栏目，不同的栏目显示的面板不同，譬如使用颜色工作区时，工作区的右侧会有 Lumetri 颜色面板，用户可以根据编辑的需要在这几个栏目中随意切换。Premiere 默认的是编辑工作区。另外，用户还可以通过菜单栏中"窗口"菜单调用各种面板。

【Step 2】认识"项目"面板。"项目"面板是素材文件的管理器，导入 Premiere 中的素材和新建的素材、序列等都会保存在该面板中。"项目"面板由素材查找区、预览区、素材目录栏和工具栏构成，如图 4-12 所示。工具栏中包含一些常用的菜单命令的快捷按钮，使用

项目 4　视频素材的处理技术及应用

方便快捷。此外，若选中的是视频素材，还可以在预览区中进行播放预览，也可以单击面板左上角的设置按钮 三 来隐藏预览区域。

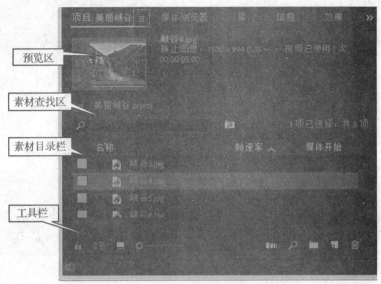

图 4-12 "项目"面板

【Step 3】认识监视器面板。在 Premiere 中监视器面板有三种："源""节目""参考"。

"源"：可以预览和修剪素材，如图 4-13 所示。

"节目"：用来查看各素材在添加到序列并进行编辑后的播出效果，其结构组成与"源"监视器面板的组成基本相同，如图 4-14 所示。

"参考"：相当于"节目"的辅助监视器，不显示在默认的工作界面中，可通过"窗口"菜单调出。

图 4-13 "源"监视器面板

图 4-14 "节目"监视器面板

【充电站】"节目"监视器面板使用小技巧

　　拖动显示区域条的两端可改变时间标尺的显示比例，以便更精确或更完整地查看播放时间。单击监视器面板右下方的"按钮编辑器"按钮 ➕，将打开"按钮编辑器"对话框，用户可以将该对话框中的按钮拖到监视器的底部控制面板中。

【Step 4】认识"时间轴"面板。"时间轴"面板包含多个视频和音频轨道，可以方便快捷地对视频、图片和音频素材进行裁剪、插入、调整等操作，如图 4-15 所示。另外，用户还可以自定义"时间轴"的轨道头，用来决定显示哪些控件。

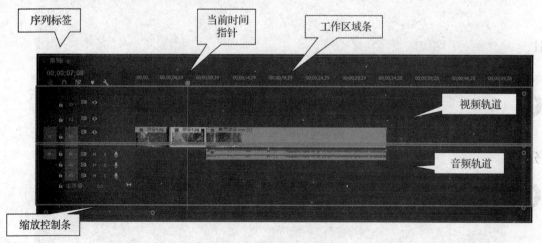

图 4-15 "时间轴"面板

项目 4　视频素材的处理技术及应用

> 【充电站】自定义轨道头
>
> 单击"时间轴显示设置"按钮,在菜单中选择"自定义视频头"和"自定义音频头"便可以自定义轨道头,对视频和音频前面的按钮进行设置。

【Step 5】认识"效果"面板。"效果"面板中包括"预设""Lumetri 预设""视频效果""音频效果""音频过渡""视频过渡"6 个文件夹选项,单击每个选项前面的 ■ 或 ■,可展开该选项的效果列表,如图 4-16 所示。通过对素材应用视频效果,可以调整视频的色调、明度等效果;应用音频效果可以调整素材音频的音量和均衡等效果。

【Step 6】认识"历史记录"面板。"历史记录"面板主要用于记录编辑操作时执行的每一个命令,其用法与前面学过的 Photoshop 和 Audition 软件里的"历史记录"类似,它们都是 Adobe 公司开发的多媒体编辑软件。用户可以通过在"历史记录"面板中删除指定的命令来还原之前的编辑操作,如图 4-17 所示。用户选择"历史记录"面板中的历史记录后单击"历史记录"面板右下角的删除重做操作按钮,即可将当前的历史记录删除。

图 4-16　"效果"面板

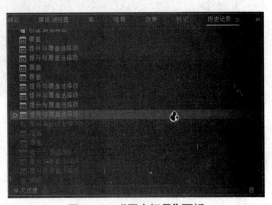

图 4-17　"历史记录"面板

任务 2　制作《美丽峡谷》短片

任务目标

掌握 Premiere 的基本操作,创建项目和序列,导入和编辑素材,保存项目,分离音视频,分割音频,导出影片。

任务说明

利用 Premiere 制作《美丽峡谷》短片:
(1)新建一个项目和一个序列,并导入所需的素材。
(2)将视频和图像素材添加到时间轴中,删除视频中自带的音频并添加音频素材。
(3)对时间轴中的音频素材进行裁剪。
(4)将制作好的短片输出为 AVI 格式的视频文件。

任务实施

【Step 1】创建项目。启动 Premiere 软件，在"开始"界面上，单击"新建项目"按钮，如图 4-18 所示。

【Step 2】在弹出的"新建项目"对话框中，设置新项目名称为《美丽峡谷》，并设置项目保存位置和常规选项，然后单击"确定"按钮，如图 4-19 所示。

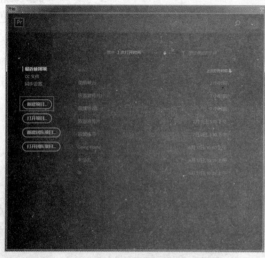

图 4-18 "开始"界面

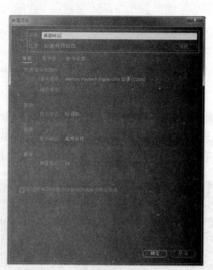

图 4-19 "新建项目"对话框

【Step 3】创建序列。选择"文件"→"新建"→"序列"菜单或按快捷键 [Ctrl+N]，在打开的"新建序列"对话框中选择"DV-PAL"文件夹下的"标准 48kHz"选项，并单击"确定"按钮，如图 4-20 所示。

图 4-20 "新建序列"对话框

项目 4　视频素材的处理技术及应用

> 【充电站】序列
>
> 　　Premiere 依托序列来进行剪辑操作。序列就是一组单独的编辑单元，类似于一个存放资源的盒子，可以存放视频、图片和音频，也可以再嵌入子序列；可以对在同一序列里的素材进行统一操作，比如缩放、调整位置等。Premiere 支持不同格式和尺寸的素材混编，创建序列可以用来设置视频编辑时的参数，比如分辨率、采样率和帧速率等。
>
> 　　序列可以通过新建产生，也可以直接拖动素材到空白时间轴中，使系统以第一个素材的格式参数自动创建一个序列。

【Step 4】选择"文件"→"导入"命令，在打开的"导入"对话框中选择所需导入素材（图 4-21），单击"打开"按钮即可导入。

图 4-21　导入素材文件

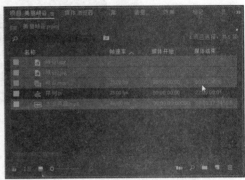

【Step 5】在"项目"面板中，选择第一个素材，按住 [Shift] 键的同时选择最后一个素材，便可选中多个连续的素材，如图 4-22 所示。

【Step 6】拖到"项目"面板中选中的素材至"时间轴"面板的视频轨道 V1 中，松开鼠标，此时会弹出"剪辑不匹配警告"对话框，单击"保持现有设置"按钮，即可将素材添加到"时间轴"面板中，如图 4-23 所示。

图 4-22　选中多个素材

图 4-23　将素材拖入时间轴

81

【充电站】剪辑不匹配

若在"时间轴"面板中添加的图像或视频素材的参数与序列设置的参数不同,就会弹出"剪辑不匹配警告"对话框。一般选择"保持现有设置"按钮,会保持序列的参数设置;若是单击"更改序列设置"按钮,则会根据素材的参数更新序列的参数设置。

【Step 7】选择工具箱中手形工具按钮,按住鼠标左键不放,在展开的工具列表中选择缩放工具,将光标移到时间轴上并单击,便可放大时间轴的显示比例,如图4-24所示。

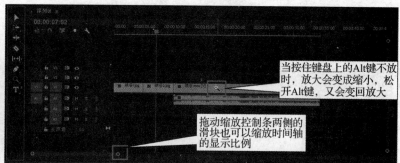

图4-24 放大时间轴的显示比例

【充电站】工具箱

工具箱中部分工具的右下角带有白色三角形,即为工具组,表示该工具中隐藏有其他工具。在该工具上按住鼠标左键不放,便可从弹出的工具列表中选择其他工具。一个工具组中包含两个及以上工具,它们的使用方法类似,譬如轨道选择工具组中含有向前选择轨道工具和向后选择轨道工具两个工具,钢笔工具组中含有钢笔工具、矩形工具和椭圆工具三个工具。

(1)选择工具▶:该工具主要用于选择素材、移动素材以及调节素材关键帧。选择该工具后,将鼠标指针移至素材的边缘,鼠标指针将变成拉伸图标,从而可以拉伸素材,为素材设置入点和出点。

(2)轨道选择工具组:该工具主要用于选择某一轨道上的所有素材,按住[Shift]键可以选择单独轨道。

(3)波纹编辑工具组:该工具组主要用于拖动素材的出点,改变所选素材的长度,而轨道上其他素材的长度不受影响。

(4)剃刀工具:该工具主要用于分割素材,将素材分割为两段,产生新的入点和出点。

(5)滑动编辑工具组:选择此工具组时,可同时更改"时间轴"内某剪辑的入点和出点,并保持入点和出点之间的时间间隔不变。例如,如果想将"时间轴"内的一个15 s剪辑修到6 s,可以使用该工具组来确定保留原剪辑中的哪个6 s部分。

(6)钢笔工具组:该工具组主要用于调整素材的关键帧。

(7)缩放工具组:该工具组主要用于改变"时间轴"面板的可视区域。在编辑一些较长的素材时,使用该工具组非常方便。

(8)文字工具组T:选择此工具组可以为素材添加字幕文本。

项目 4　视频素材的处理技术及应用

【Step 8】在视频"V1"轨道中右击（用鼠标右键点击）"峡谷.mov"视频片段，在弹出的快捷菜单中选择"取消链接"命令，如图 4-25 所示。

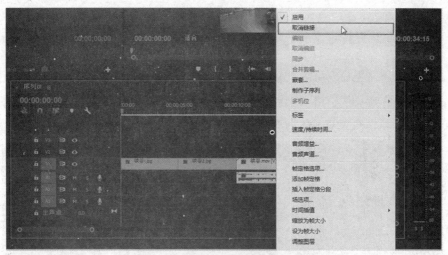

图 4-25　解除视频与音频的链接

【充电站】分离音视频

使用"取消链接"命令可以将视频与音频分离后单独进行编辑，防止在编辑视频时，音频也被修改。

【Step 9】选择工具箱中选择工具按钮 ，单击选中音频"A1"轨道中"峡谷.mov"素材的音频，点击鼠标右键，在弹出的快捷菜单中选择"波纹删除"命令来删掉音频信息，如图 4-26 所示。

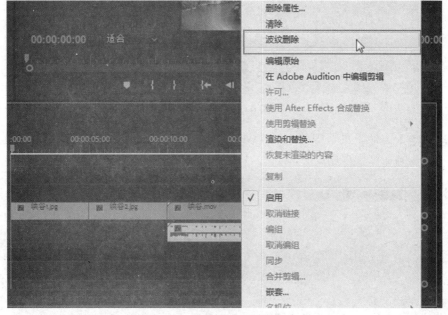

图 4-26　选择"波纹删除"命令

【充电站】波纹删除与普通删除的区别

波纹删除：将素材的一段视频波纹删除后，会自动将后面的视频向前移动贴紧，不留空白；其删除范围为全轨道，所有轨道同时起作用。

普通删除：将素材的一段视频普通删除后，需要手动将后面的视频向前移动贴紧；其删除范围为单轨道，对选中的轨道起作用。

【Step 10】拖入音乐。将"项目"面板中音频"水流声音.mp3"拖动到"时间轴"面板的轨道 A1 中，松开鼠标即可，效果如图 4-27 所示。

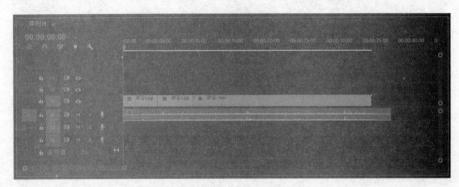

图 4-27 将音频拖入时间轴

【Step 11】分割并删除多余音频。选择工具箱中的剃刀工具按钮，在音频轨道 V1 中视频末尾处单击，将音频切割成两段，如图 4-28 所示。

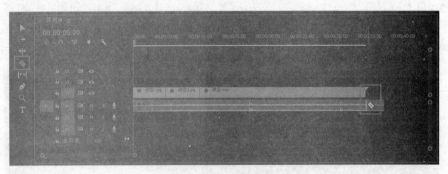

图 4-28 分割音频

【Step 12】选择工具箱中的选择工具按钮，单击选中切割后的右侧音频片段，然后按下 [Delete] 键删除该音频片段。

【充电站】删除快捷键

在 Premiere 中，除了使用菜单命令删除素材对象外，还可以在选择素材后，使用以下快捷键：

[Delete] 键：快速删除选择的素材对象。

[Backspace] 键：快速删除选择的素材对象。

[Shift+Delete] 键：快速对素材进行波纹删除操作。

[Shift+Backspace] 键：快速对素材进行波纹删除操作。

【Step 13】播放影片。在"节目"面板中,单击播放按钮 ,播放影片以预览最终效果,如图4-29所示。

图4-29 预览影片效果

【Step 14】保存项目。使用"文件"→"另存为"命令,在弹出的对话框中设置保存位置,单击"保存"按钮,如图4-30所示。

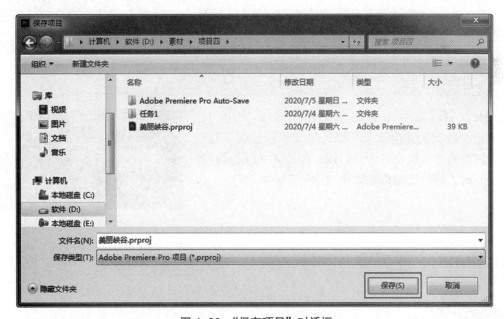

图4-30 "保存项目"对话框

【Step 15】导出影片。选中"时间轴"面板,使用"文件"→"导出"→"媒体"菜单命令,打开"导出设置"对话框(图4-31),在对话框中将格式设为"AVI",预设设为"PAL DV";并单击输出名称右侧的文字,在打开的"另存为"对话框中设置导出文件的路径和名称。

图 4-31 "导出设置"对话框

【充电站】导出注意事项

在导出作品前，应该确保当前激活的是"时间轴"面板（处于激活状态时周围有蓝色边框），并且打开的是要导出的序列。

【Step 16】最后单击"导出设置"对话框中"导出"按钮，系统会弹出一个"编码"提示框，在该对话框中可以看到输出进度和剩余时间，如图 4-32 所示。等待一段时间后即可完成作品输出。

图 4-32 "编码"提示框

任务 3 制作《校园风光》电子相册

任务目标

在 Premiere 软件中，新建项目和自定义序列，新建通用倒计时片头，应用视频过渡效果，创建字幕，分割音频，应用恒定功率效果，设置运动属性，设置动画关键帧，导出 WMV 文件。

项目 4　视频素材的处理技术及应用

任务说明

利用 Premiere 制作《校园风光》电子相册：
（1）新建一个项目和一个序列，并导入所需的素材。
（2）新建通用倒计时片头和静态字幕。
（3）将图片素材添加到时间轴中，调整素材，并制作动画效果。
（4）添加视频过渡效果，添加并裁剪音乐，在末尾添加淡出效果。
（5）保存项目，将制作好的短片输出为 WMV 格式的视频文件。

任务实施

一、新建项目和序列

【Step 1】新建项目。启动 Premiere 软件，使用菜单栏"文件"→"新建"→"项目"命令，在弹出的"新建项目"对话框中，设置新项目名称为"校园风光"，并设置项目保存位置和常规选项，然后单击"确定"按钮，如图 4-33 所示。

【Step 2】导入素材。双击"项目"面板中的空白区域，在打开的"导入"对话框中选中所需导入素材（图 4-34），单击"打开"按钮即可导入。

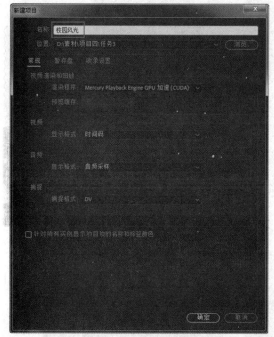

图 4-33 "新建项目"对话框

图 4-34 "导入"对话框

【充电站】快捷键

可使用快捷键 [Ctrl+A] 选中所有文件。

87

【Step 3】选择"文件"→"新建"→"序列"命令或按快捷键[Ctrl+N],在打开的"新建序列"对话框中,激活"设置"选项卡,设置编辑模式为"自定义",帧大小水平为"650",垂直为"433",像素长宽比为"方形像素(1.0)",场为"无场(逐行扫描)",如图4-35所示。

图 4-35 "新建序列"对话框

二、制作倒计时片头

【Step 1】在"项目"面板中单击"新建项"按钮,在展开的菜单中选择"通用倒计时片头"选项,在弹出的"新建通用倒计时片头"对话框中,保持默认设置,单击"确定"按钮,如图4-36所示。

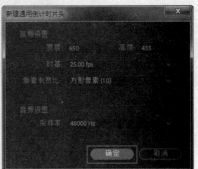

图 4-36 新建通用倒计时片头的设置

【Step 2】在弹出的"通用倒计时设置"对话框中,单击"擦除颜色"右侧的颜色块,如图 4-37 所示。

【Step 3】在弹出的"拾色器"对话框中,将颜色值设置为"0A6A92",然后单击"确定"按钮,如图 4-38 所示。

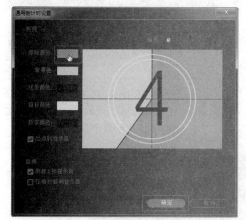

图 4-37 "通用倒计时设置"对话框

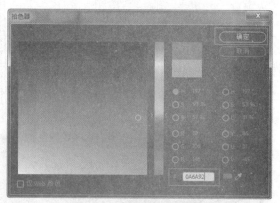

图 4-38 "拾色器"对话框

【Step 4】参照"Step 2"和"Step 3",使用同样的方法,分别将"背景色""目标颜色""数字颜色"设置为"516A67""DCE90B""07C8C1",如图 4-39 所示。

【Step 5】将"项目"面板中的"通用倒计时片头"素材拖到"时间轴"面板中,效果如图 4-40 所示。

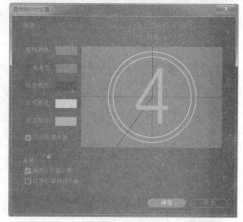

图 4-39 "通用倒计时设置"对话框

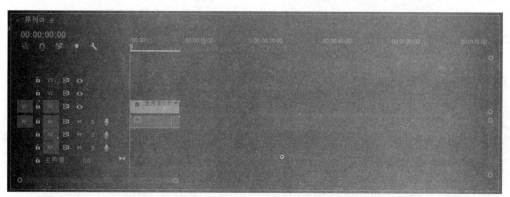

图 4-40 添加"通用倒计时片头"素材到时间轴

三、创建字幕

【Step 1】使用菜单栏"文件"→"新建"→"旧版标题"命令,在弹出的"新建字幕"对话框中,保持默认设置,并单击"确定"按钮,如图 4-41 所示。

【Step 2】在弹出的"字幕"面板中,选择文字工具,输入字幕文本"校园风光",并在右侧"旧版标题属性"面板中将字体系列设为"华文琥珀",将字体大小设为"100.0";将 X 位置设为"325.0",将 Y 位置设为"150.0",如图 4-42 所示。

图 4-41 "新建字幕"对话框

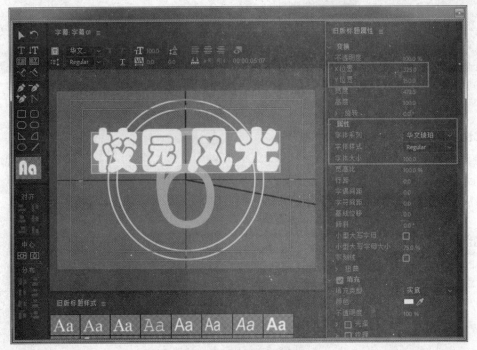

图 4-42 "字幕"面板

【充电站】中文显示不正常

当我们输入文字时,有的文字显示不出来,这是因为 Premiere 默认的字体不是中文字体,是系统自带的字库,这些字库里的中文字并不全,很多字在字库里找不到,系统对于字库里没有的字就会显示一个方框。此时我们只需选用中文字体即可,或者换一种字体试试。

【Step 3】勾选"填充"复选框,将填充类型设为"线性渐变",单击左侧滑块,在弹出的"拾色器"对话框中将颜色设为"F28E2F",单击右侧滑块将颜色设为"FFF600",如图 4-43 所示。

项目 4　视频素材的处理技术及应用

图 4-43　设置文字填充颜色

四、添加并调整素材

【Step 1】选中"项目"面板中"1.jpg"～"10.jpg"10 个素材,将它们拖入"时间轴"面板的轨道 V1 中,如图 4-44 所示。

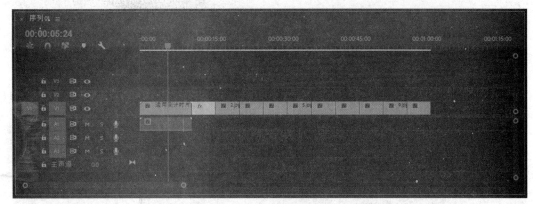

图 4-44　添加图片素材

【Step 2】选中轨道 V1 中的图片"1.jpg",单击工作界面左上方面板组中的"效果控件"标签,在"效果控件"面板的"运动"属性组中,设置位置为"325.0　316.0",缩放为"41.0",如图 4-45 所示。

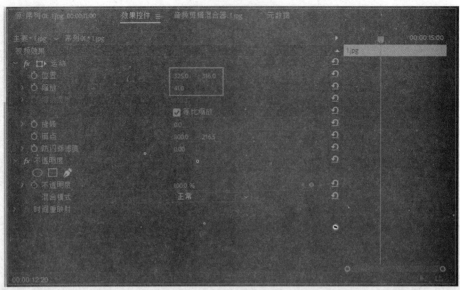

图 4-45　调整素材"运动"属性

【Step 3】选中"项目"面板中的"字幕 01",将它拖入"时间轴"面板中的轨道 V2 中,放在图片"1.jpg"的上方,如图 4-46 所示。

【Step 4】选中"字幕 01",点击鼠标右键,在弹出的快捷菜单中单击"速度/持续时间"命令,在弹出的"剪辑速度/持续时间"对话框中,将持续时间设为"00:00:03:00",再单击"确定"按钮,如图 4-47 所示。

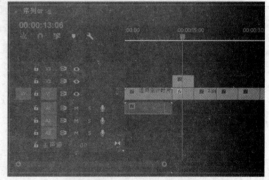

图 4-46　添加字幕到轨道

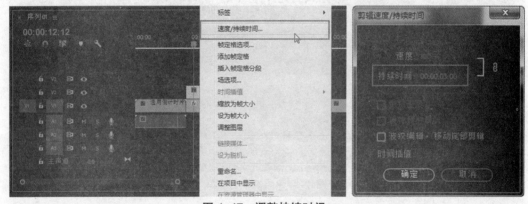

图 4-47　调整持续时间

【Step 5】选中"项目"面板中的图片"花 3",并将它拖入"时间轴"面板中的轨道 V1 现有素材后面,设置持续时间为 11 s;拖动"花 1"到轨道 V2,放在"花 3"的上方,设置持续时间为 8 s;拖动"花 2"到轨道 V3,放在"花 1"的上方,效果如图 4-48 所示。

项目 4　视频素材的处理技术及应用

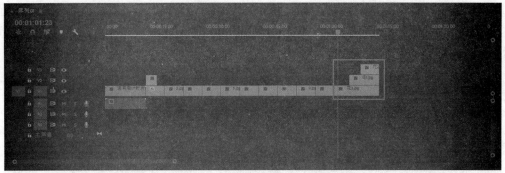

图 4-48　将图片素材拖入不同的轨道

五、设置动画关键帧

【Step 1】选中轨道 V2 中的"花 1",将"当前时间指针"调整到"00:01:06:00"处,在"效果控件"面板的"运动"属性组中,单击"位置""缩放"和"旋转"效果左侧的切换动画按钮 ,则会自动生成关键帧,设置位置参数为"325.0　216.5",缩放为"65.0",旋转为"0.0",如图 4-49 所示。

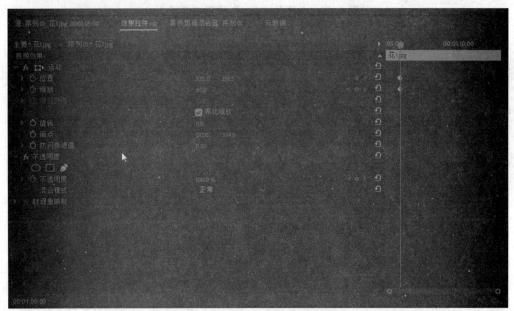

图 4-49　为图片"花 1"设置关键帧 1

【充电站】关键帧

在 Premiere 中通过添加关键帧,可以让静态的帧画面动起来,因而至少要添加两个关键帧。关键帧与关键帧之间的动画由软件自动创建,用户只需在不同时间设置两个或多个关键帧,对关键帧的属性进行修改设置不同的值,就会生成一段动画或视频特效。

【Step 2】再将"当前时间指针"调整到"00:01:07:15"处，如图 4-50 所示。设置位置参数为"170.0 110.0"，缩放为"30.0"，旋转为"350.0°"，则会在此处生成关键帧，效果如图 4-51 所示。

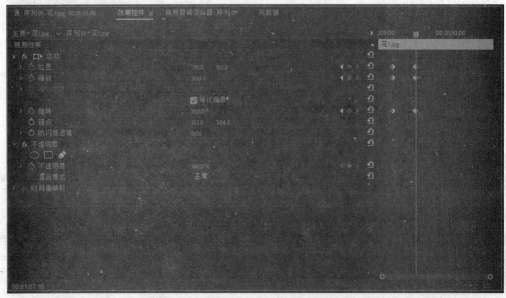

图 4-50　为图片"花 1"设置关键帧 2

图 4-51　图片"花 1"最终效果

项目 4　视频素材的处理技术及应用

【Step 3】选中轨道 V3 中的"花 2",将"当前时间指针"调整到"00:01:09:00"处,在"效果控件"面板的"运动"属性组中,单击"位置""缩放""旋转"效果左侧的切换动画按钮,设置位置参数为"325.0　216.5",缩放为"65.0",旋转为"0.0",如图 4-52 所示。

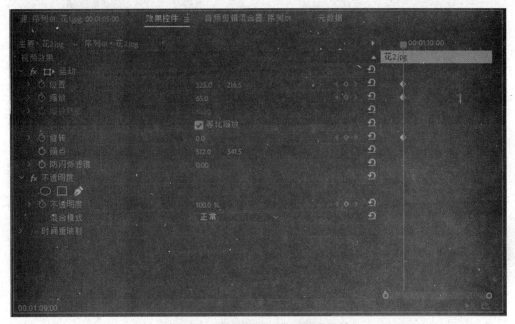

图 4-52　为图片"花 2"设置关键帧 1

【Step 4】再将"当前时间指针"调整到"00:01:11:00"处,如图 4-53 所示。设置位置参数为"458.0　280.0",缩放为"30.0",旋转为"350.0°",效果如图 4-54 所示。

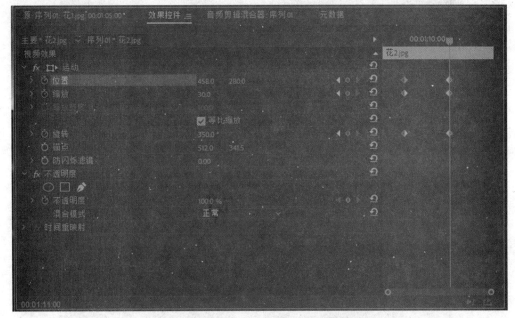

图 4-53　为图片"花 2"设置关键帧 2

图 4-54　花朵画面效果

六、添加视频过渡效果

【Step 1】选中"项目"面板中图片"21"和"22",并将它们拖入"时间轴"面板中轨道 V1 现有素材后面,效果如图 4-55 所示。

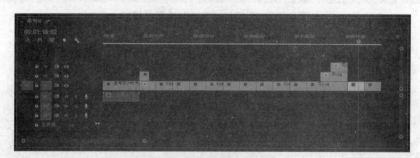

图 4-55　添加素材

【Step 2】单击工作界面左下方面板组中的"效果"标签,然后将"效果"面板中"视频过渡"→"划像"下的"圆划像"过渡效果拖到轨道 V1"通用倒计时片头"与图片"1.jpg"视频素材相交的位置,如图 4-56 所示。

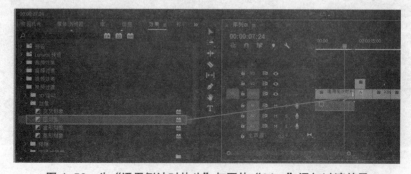

图 4-56　为"通用倒计时片头"与图片"1.jpg"添加过渡效果

项目 4　视频素材的处理技术及应用

【Step 3】选中"通用倒计时片头"与图片"1.jpg"之间的过渡效果，在"效果控件"面板的"圆划像"属性组中设置对齐为"中心切入"，如图 4-57 所示。

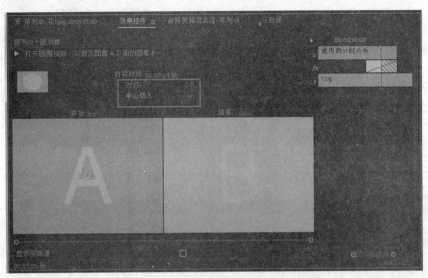

图 4-57　设置"圆划像"视频过渡效果

【Step 4】参照"Step 2"和"Step 3"，为轨道 V1 中图片"1.jpg"和"2.jpg"之间添加"视频过渡"→"溶解"下的"交叉溶解"过渡效果，并设置持续时间为"00:00:04:00"，对齐为"中心切入"，如图 4-58 所示。

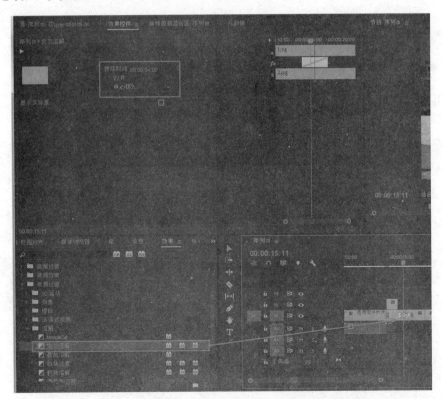

图 4-58　在图片"1.jpg"和"2.jpg"之间添加过渡效果

【充电站】查找效果

若是只知道效果名称，而不知道效果在"效果"面板的哪个文件夹下，则使用"效果"面板中的查找功能，如图4-59所示。

【Step 5】参照"Step 2"为轨道V1中末尾处添加"黑场过渡"，其他图片之间添加合适的视频过渡，效果如图4-60所示。

图4-59　查找效果

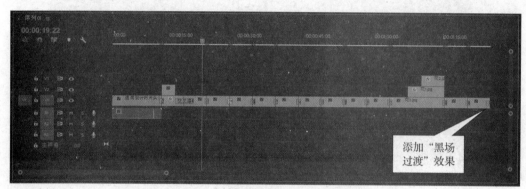

图4-60　为其他视频片段添加过渡效果

七、添加背景音乐

【Step 1】选中"项目"面板中"背景音乐.mp3"，并将它拖入"时间轴"面板中轨道A1现有素材后面，效果如图4-61所示。

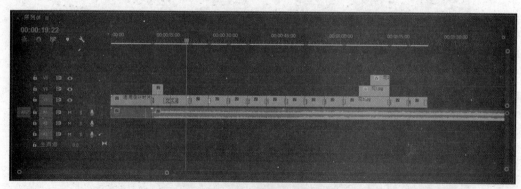

图4-61　添加背景音乐

【Step 2】分割并删除多余音频。选择工具箱中的剃刀工具，在音频轨道A1中视频末尾处单击，将音频切割成两段，如图4-62所示。

项目 4　视频素材的处理技术及应用

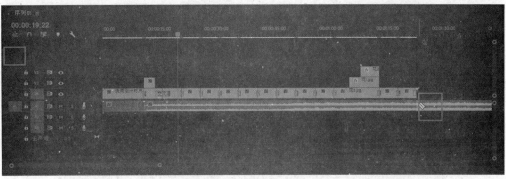

图 4-62　分割背景音乐

【Step 3】选择工具箱中的选择工具按钮 ，单击选中切割后的右侧音频片段，然后按下 [Delete] 键删除该音频片段，效果如图 4-63 所示。

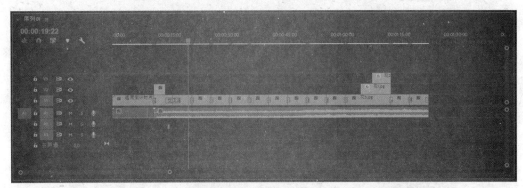

图 4-63　删除多余背景音乐

【Step 4】音频淡出。单击工作界面左下方面板组中的"效果"标签，然后将"效果"面板中"音频过渡"→"交叉淡化"下的"恒定功率"过渡效果拖到轨道 A1 中音频素材末尾处，如图 4-64 所示。

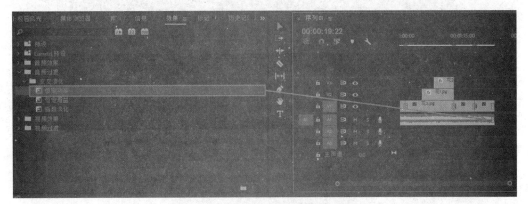

图 4-64　为背景音乐添加淡出效果

【Step 5】选择"恒定功率"效果。在"效果"面板的"恒定功率"属性组中，设置效果持续时间为"00:00:04:00"，如图 4-65 所示。

图 4-65 设置"恒定功率"效果

八、保存项目，输出影片

【Step 1】播放影片。在"节目"面板中，单击播放按钮，播放影片以预览最终效果，如图 4-66 所示。

图 4-66 预览影片效果

【Step 2】保存项目。使用"文件"→"另存为"命令，在弹出的对话框中设置保存位置，单击"保存"按钮，如图 4-67 所示。

【Step 3】导出影片。选中"时间轴"面板，并选择需要输出的序列，在菜单栏中使用"文件"→"导出"→"媒体"命令，打开"导出设置"对话框，在对话框中将格式设为"Windows Media"，单击输出名称右侧的文

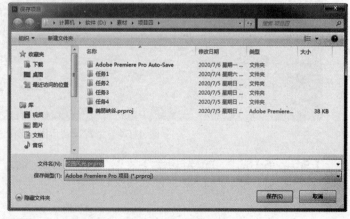

图 4-67 保存项目

项目 4　视频素材的处理技术及应用

字，在打开的"另存为"对话框中设置导出文件的路径和名称，如图 4-68 所示。

图 4-68　导出影片设置

【Step 4】单击"导出设置"对话框中"导出"按钮，系统会弹出一个"编码"提示框，如图 4-69 所示；等待一段时间后即可完成作品输出。

图 4-69　"编码"提示框

任务 4　制作《可爱的鸟儿》合辑

任务目标

在 Premiere 软件中，新建项目和序列、黑场视频素材；应用视频过渡效果、视频特效；创建动态字幕；分割音频；应用恒定功率效果；导出 AVI 文件。

任务说明

利用 Premiere 制作《可爱的鸟儿》合辑：

（1）新建一个项目和一个序列，并导入所需的素材。

（2）通过静态字幕和添加有光晕特效的黑场视频制作片头。

（3）调整视频素材缩放比例以适应屏幕大小，编辑视频素材。

（4）制作片尾滚动字幕。

（5）添加视频过渡效果，添加并裁剪背景音乐，并在末尾添加淡出效果。

（6）保存项目，将制作好的短片输出为AVI格式的视频文件。

任务实施

一、新建项目和序列

【Step 1】新建项目。启动 Premiere 软件，使用菜单栏"文件"→"新建"→"项目"命令，在弹出的"新建项目"对话框中，设置新项目名称为"可爱的鸟儿"，并设置项目保存位置和常规选项，单击"确定"按钮，如图 4-70 所示。

【Step 2】导入素材。双击"项目"面板中的空白区域，在打开的"导入"对话框中选择所需导入素材，如图 4-71 所示；单击"打开"按钮即可导入。

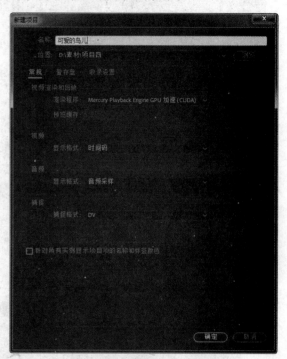

图 4-70 "新建项目"对话框

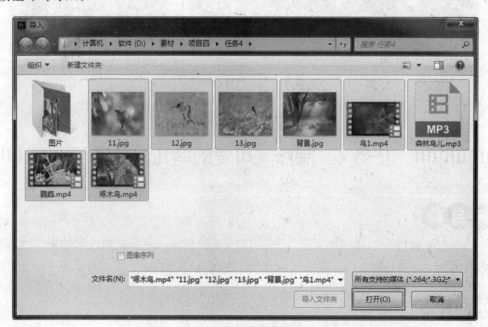

图 4-71 导入素材

项目 4　视频素材的处理技术及应用

【Step 3】选择"文件"→"新建"→"序列"命令或按快捷键 [Ctrl+N]，在打开的"新建序列"对话框中选择"DV-PAL"文件夹下的"标准 48kHz"选项，并单击"确定"按钮，如图 4-72 所示。

图 4-72　"新建序列"对话框

二、制作黑场视频并添加"镜头光晕"效果

【Step 1】在"项目"面板中单击"新建项"按钮，在展开的菜单中选择"黑场视频"选项，在弹出的"新建黑场视频"对话框中，保持默认设置，单击"确定"按钮，如图 4-73 所示。

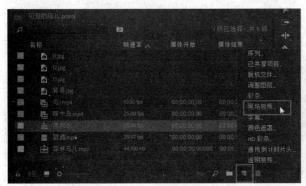 

图 4-73　新建黑场视频

103

【**Step 2**】将"项目"面板中的"黑场视频"素材拖到"时间轴"面板中,效果如图4-74所示。

图 4-74 添加"黑场视频"素材到时间轴

【**Step 3**】选中"黑场视频"素材,在"效果"面板中,双击"视频效果"下"生成"效果组中的"镜头光晕"效果,将该效果添加到素材"黑场视频"中,如图4-75所示。

【**Step 4**】将"时间指针"调整至视频开始处,在"效果控件"面板的"镜头光晕"属性组中单击"光晕中心"选项左侧的"切换动画"按钮,添加关键帧,并设置参数为"130.0 130.0",如图4-76所示。

图 4-75 为"黑场视频"添加"镜头光晕"效果

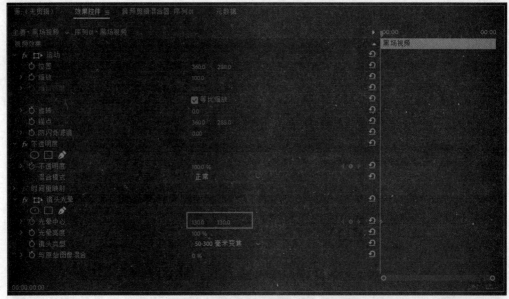

图 4-76 设置"镜头光晕"的第 1 个关键帧

项目4　视频素材的处理技术及应用

【Step 5】将时间指针调整至"00:00:01:06"处，在"效果控件"面板的"镜头光晕"属性组中将光晕中心的参数设置为"560.0　80.0"，如图4-77所示。

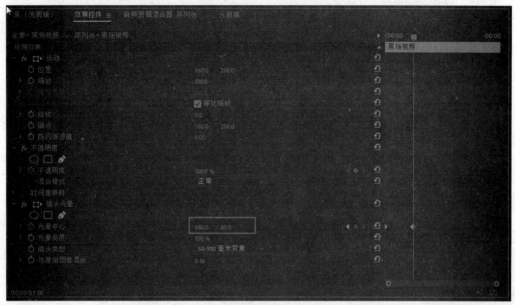

图4-77　设置"镜头光晕"的第2个关键帧

【Step 6】将时间指针调整至"00:00:02:15"处，在"效果控件"面板的"镜头光晕"属性组中将光晕中心的参数设置为"666.0　530.0"，如图4-78所示。

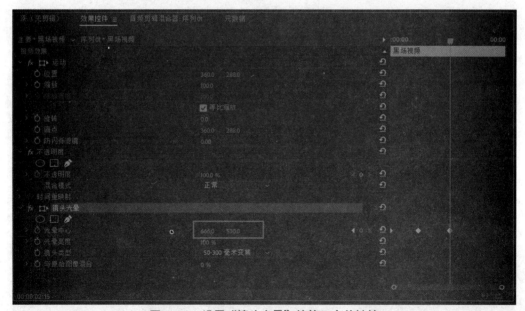

图4-78　设置"镜头光晕"的第3个关键帧

【Step 7】将时间指针调整至"00:00:04:00"处，在"效果控件"面板的"镜头光晕"属性组中将光晕中心的参数设置为"145.0　340.0"，如图4-79所示。

105

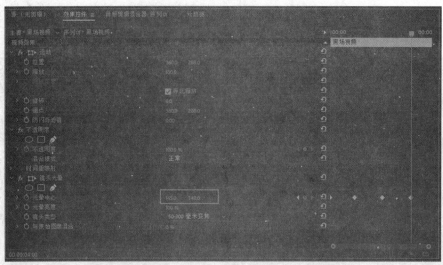

图 4-79 设置"镜头光晕"的第 4 个关键帧

三、制作片头字幕

【**Step 1**】使用菜单栏"文件"→"新建"→"旧版标题"命令，在弹出的"新建字幕"对话框中，保持默认设置，并单击"确定"按钮，如图 4-80 所示。

【**Step 2**】在弹出的"字幕"面板中，选择文字工具，输入文字"可爱的鸟儿"，并在右侧"旧版标题属性"面板中将字体系列设为"方正舒体"，将字体大小设为"80.0"；将 X 位置设为"405.0"，将 Y 位置设为"260.0"；将字体填充类型设为"实底"，将颜色设为"D1D32B"，如图 4-81 所示。

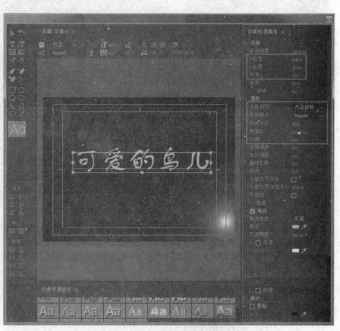

图 4-80 "新建字幕"对话框　　　图 4-81 在"字幕"面板中设置片头字幕

项目 4　视频素材的处理技术及应用

【Step 3】将"项目"面板中的"字幕 01"素材拖到"时间轴"面板轨道 V2 中,放在"黑场视频"素材的正上方,效果如图 4-82 所示。

图 4-82　添加"字幕 01"素材到时间轴

四、添加并编辑视频素材

【Step 1】将"项目"面板中的"鹦鹉.mp4"素材拖到"时间轴"面板轨道 V1 中"黑场视频"素材的后面,效果如图 4-83 所示;在"效果控件"面板的"运动"属性组中设置缩放为"80.0",效果如图 4-84 所示。

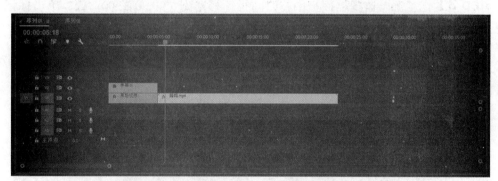

图 4-83　添加"鹦鹉.mp4"素材到时间轴

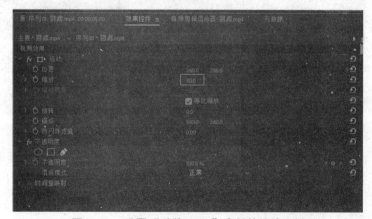

图 4-84　设置"鹦鹉.mp4"素材的缩放比例

107

【Step 2】使用三点编辑法。双击"项目"面板中的"啄木鸟.mp4"素材，使它显示在"源"监视器面板中；在"源"监视器面板中播放该素材，将时间指针移动到"00:00:12:00"处，单击标记入点按钮，如图 4-85 所示。

图 4-85 在"源"监视器面板中标记入点

【Step 3】在"源"监视器面板中将时间指针移动到"00:00:22:00"处，单击标记出点按钮，如图 4-86 所示。

图 4-86 在"源"监视器面板中标记出点

【Step 4】在"时间轴"面板中将当前指针移动至"00:00:15:00"处，再单击"源"监视器面板中的覆盖按钮，即可将选中的"啄木鸟.mp4"素材片段添加到时间轴中，并覆盖原有素材，效果如图 4-87 所示。

项目 4　视频素材的处理技术及应用

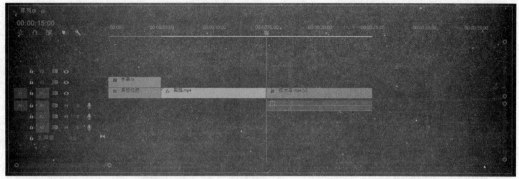

图 4-87　使用覆盖按钮添加素材

【Step 5】在"时间轴"面板中选中"啄木鸟.mp4"素材,在"效果控件"面板的"运动"属性组中设置缩放为"160.0",使视频画面满屏不留黑边,如图 4-88 所示。

【Step 6】在"项目"面板中选中"鸟 1.mp4"素材,将其拖到"时间轴"面板中轨道 V1 末尾处,并在"效果控件"面板的"运动"属性组中设置缩放为"73.0",效果如图 4-89 所示。

图 4-88　设置"啄木鸟.mp4"素材的缩放比例

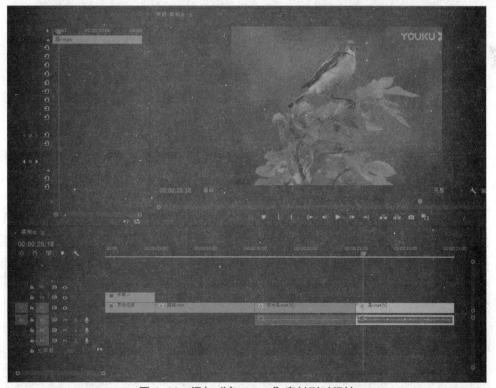

图 4-89　添加"鸟 1.mp4"素材到时间轴

109

五、去除水印

【Step 1】选中素材"鸟1.mp4",在"效果"面板中,双击"视频效果"下"模糊与锐化"效果组中的"高斯模糊"效果,将该效果添加到素材"鸟1.mp4"中,如图4-90所示。

【Step 2】在"效果控件"面板的"高斯模糊"属性组中,单击创建4点多边形蒙版按钮■,在"节目"面板的视频画面中绘制蒙版,如图4-91所示。

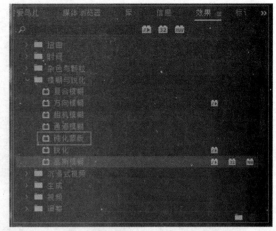

图4-90 为素材"鸟1.mp4"添加"高斯模糊"效果

图4-91 在"高斯模糊"效果属性下绘制蒙版

【Step 3】设置"蒙版1"下蒙版羽化为"30.0",模糊度为"90.0",如图4-92所示。

图4-92 设置"高斯模糊"效果

六、制作片尾

【Step 1】在"项目"面板中选中"11.jpg""12.jpg""13.jpg""黑场视频"素材,将其拖到"时间轴"面板中轨道V1末尾处,效果如图4-93所示。

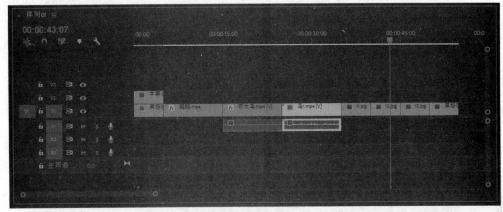

图4-93 添加素材

【Step 2】新建滚动字幕。使用菜单栏"文件"→"新建"→"旧版标题"命令,在弹出的"新建字幕"对话框中,保持默认设置,并单击"确定"按钮,如图4-94所示。

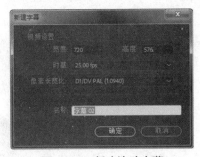

图4-94 新建滚动字幕

【充电站】新建标题字幕

Premiere中"旧版标题"字幕包含默认静态字幕、滚动字幕和游动字幕。当需要在视频中创建长篇幅的文字时,视频画面通常只能显示一部分文字内容,其他部分文字就会被隐藏,此时可应用上下滚动或左右游动字幕。

用户也可以使用文字工具 T 来添加字幕,然后在"效果控件"面板的"文本"属性组中设置文字的字体、大小和颜色等参数。

【Step 3】在弹出的"字幕"面板中,选择区域文字工具 ▣,输入字幕文本"爱鸟是一种美德。关爱生灵,保护鸟类,保护生物多样性。",并在右侧"旧版标题属性"面板中将字体系列设为"隶书",将字体大小设为"50.0",将行距设为"20.0",将字体颜色设为"白色",如图4-95所示。

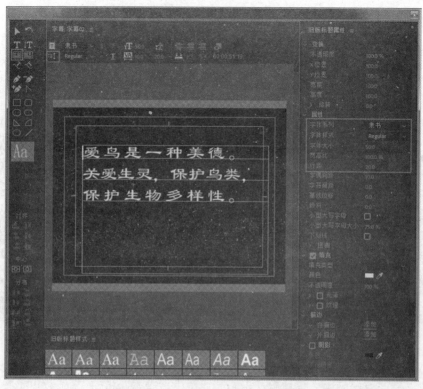

图 4-95 "字幕"面板设置片尾字幕

【Step 4】在"字幕"面板中，单击滚动/游动按钮，在弹出的"滚动/游动选项"面板中，勾选字幕类型下的"滚动"，勾选定时（帧）属性下的"开始于屏幕外"和"结束于屏幕外"，如图 4-96 所示。

【Step 5】将"项目"面板中的"字幕 02"素材拖到"时间轴"面板轨道 V2 中，放在"黑场视频"素材的正上方，效果如图 4-97 所示。

图 4-96 设置滚动字幕选项

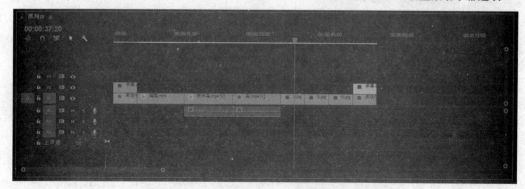

图 4-97 添加"字幕 02"素材到时间轴

项目 4　视频素材的处理技术及应用

【Step 6】选中"时间轴"面板中的"字幕 02"，点击鼠标右键，在弹出的快捷菜单中执行"速度 / 持续时间"命令，在弹出的"剪辑速度 / 持续时间"对话框中，设置持续时间为"00:00:10:00"，单击"确定"按钮，如图 4-98 所示。

【Step 7】参照"Step 6"，调整"时间轴"面板上"字幕 02"下方"黑场视频"的"持续时间"为"00:00:10:00"。

【Step 8】单击工作界面左下方面板组中的"效果"标签，然后将"效果"面板中"视频过渡"→"划像"→"交叉划像"过渡效果拖到轨道 V1 前两个视频素材相交的位置，如图 4-99 所示。

图 4-98　调整"字幕 02"的持续时间

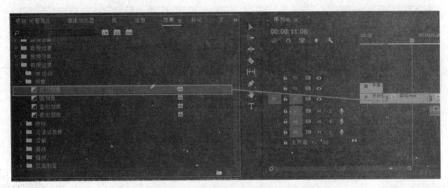

图 4-99　为前两段视频片段添加过渡效果

【Step 9】参照"Step 8"在轨道 V1 中其他视频素材之间添加合适的视频过渡效果，如图 4-100 所示。

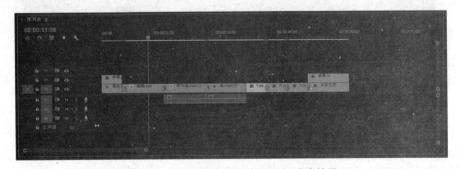

图 4-100　为其他视频片段添加过渡效果

七、添加背景音乐

【Step 1】在视频轨道 V1 中右击视频片段，在弹出的快捷菜单中选择"取消链接"菜单项，然后选择工具箱中的选择工具，单击选中音频轨道 A1 中"啄木鸟 .mp4"素材的音频，按下 [Delete] 键删掉音频信息，如图 4-101 所示。

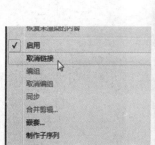 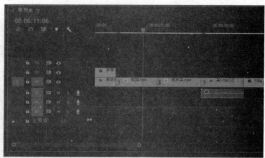

图 4-101　删除"啄木鸟.mp4"素材的音频信息

【Step 2】参照"Step 1"删除"时间轴"面板中"鸟 1.mp4"素材的音频信息。

【Step 3】选中"项目"面板中的"森林鸟儿.mp3",并将它拖入"时间轴"面板的轨道 A1 中,效果如图 4-102 所示。

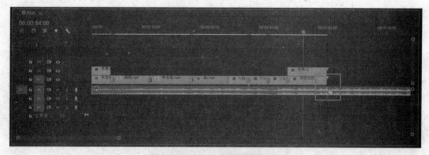

图 4-102　添加背景音乐

【Step 4】分割并删除多余音频。选择工具箱中的剃刀工具 ,在音频轨道 A1 中视频末尾处单击,将音频切割成两段,如图 4-103 所示。

图 4-103　分割背景音乐

【Step 5】选择工具箱中的选择工具 ,单击选中切割后的右侧音频片段,然后按下 [Delete] 键删除该音频片段,效果如图 4-104 所示。

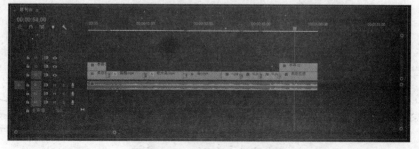

图 4-104　删除多余背景音乐

项目 4　视频素材的处理技术及应用

【Step 6】音频淡出。单击工作界面左下方面板组中的"效果"标签，然后将"效果"面板中"音频过渡"→"交叉淡化"下的"恒定功率"过渡效果拖到轨道 A1 中音频素材末尾处，并设置效果持续时间为"00:00:04:00"，如图 4-105 所示。

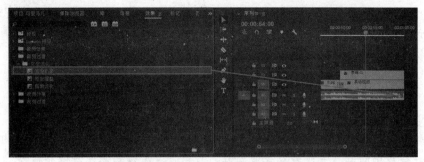

图 4-105　为背景音乐添加淡出效果

八、保存项目，输出影片

【Step 1】播放影片。在"节目"面板中，单击播放按钮 ，播放影片以预览最终效果。

【Step 2】保存项目。使用"文件"→"另存为"命令，在弹出的对话框中设置保存位置，单击保存按钮。

【Step 3】导出影片。选中"时间轴"面板，使用"文件"→"导出"→"媒体"菜单命令，打开"导出设置"对话框，在对话框中将格式设为"AVI"，将预设设为"PAL DV"，并单击输出名称右侧的文字，在打开的"另存为"对话框中设置导出文件的路径和名称，如图 4-106 所示。

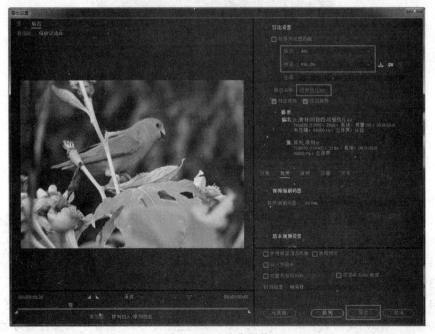

图 4-106　导出影片

课后作业

1. 讨论：你认为小学教师在日常工作和生活中需要掌握的视频处理技术有哪些？
2. 讨论：获取视频素材的途径有哪些？
3. 探索：请使用 Premiere 软件导出单个图片和序列图片。
4. 实操：请使用 Premiere 软件制作自己的青春纪念短片或毕业纪念短片。

作业答案：

1. 转换视频格式、替换音乐背景、拼接视频片段、添加字幕以及制作电子相册等。
2. 社会视频网站、专业教育资源网站、教材资源光盘和私人存储介质等。
3. 选择影片序列，在菜单栏中使用"文件"→"导出"→"媒体"菜单命令，在打开"导出设置"对话框中将格式设为"JPEG"。若要输出单个图片，则在"视频"选项卡上，取消选中"导出为序列"复选框，如图 4-107 所示。

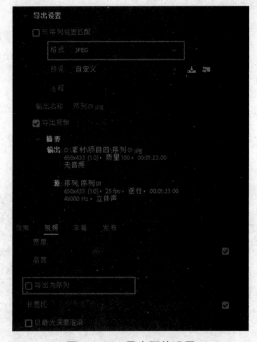

图 4-107　导出图片设置

4.
（1）准备素材：毕业照片、平时生活照、校园照片和背景音乐，可以和同学们一起录个小视频或音频。
（2）新建项目与序列，制作片头和片尾。
（3）编辑影片，添加视频效果、音频效果和视频过渡效果等。
（4）保存项目与导出影片。（可导出两种格式：一种 AVI 格式，画质效果好，用于存档纪念；一种 MP4 格式，文件小巧，既可上传网上，又方便在手机里存储与播放。）

项目5 微课的制作

学习导航

学习重点： 设计微课脚本、制作PPT课件、利用EverCam录制微课、添加SRT字幕

学习难点： 制作PPT课件、利用EverCam录制微课

学习目标： 通过完成7个任务，熟悉微课脚本的设计，掌握PPT课件的制作方法，学会利用EverCam录制微课和快速添加SRT字幕

学习方法： 任务驱动式、混合式学习

学习课时： 7

知识结构：

- 任务1 认识微课
- 任务2 设计微课脚本
- 任务3 认识制作PPT课件常见的误区
- 任务4 提升PPT设计艺术与攻略
- 任务5 制作PPT课件
- 任务6 掌握EverCam录制方法
- 任务7 快速添加SRT字幕

（微课的制作）

任务1 认识微课

任务目标

了解微课的内涵,掌握微课制作的主要形式和步骤。

相关知识

1. 微课

微课是指为了促进学生学习,按照课程及教学实践要求,以短视频为主要载体呈现的,在课堂内外教育教学过程中围绕某个知识点(重点、难点、疑点、热点)开展的精彩教与学活动。

2. 微课与微视频

微课资源包括了主体微视频加配套资源。虽然微视频是微课的主体,但两者不是等同关系,即微视频不等于微课,微课也不等于微视频,微课与微视频是包含与被包含关系,即微视频包含于微课中。

3. 微课与课堂实录

微课以学习者为中心,聚焦学习内容;课堂实录以教师为中心,并不聚焦学习内容。微课的学习效果好,受到学习者欢迎;而课堂实录的学习效果差,比较适合评课和教学反思。可见,微课不是课堂实录,一般而言,课堂实录不易制作成微课。

4. 微课与微课程

微课针对的是某个知识点或技能点,它有很多优势:个性化、个别化、可视化、趣味性和情景性,等等。但也存在许多短板,比如缺乏系统性、深度、广度、容易导致浅阅读以及知识的碎片化,等等。

微课程的特点是:①为解决单个知识点微课的短板,从一门课程某个学习单元/模块/主题缜密的知识体系出发;②选取其中的重点、难点、关键点、疑点、考点、易错点、易混淆点、热点和扩展点;③设计和制作一系列既相对独立又环环相扣、相互联系的微课;④加上一系列与之配套的教学活动(包括思考讨论、练习测试、实验实习、展示交流等);⑤构成了单元/模块/主题微课程,简称微课程。

由此可见,微课与微课程,不是同一回事。微课与微课程既有联系,又有区别:系列微课加系列教学活动等于微课程。

5. 微课与慕课

慕课由若干个单元/模块/专题的微课及其系列的教学活动等组成,而专题的微课程又是由系列微课和相关教学活动构成的。微课资源包括:微视频和相关的配套学习资源。由此可见:①微课是慕课的核心学习材料;②微课是慕课的核心组成部分;③微课是慕课的基础;④如果慕课是"大厦",那么,微课则是看起来不起眼的一块块"砖石"。

项目5 微课的制作

任务实施

【Step 1】微课以短视频为主要载体呈现,在课堂内外教育教学过程中围绕某个知识点开展精彩的教与学活动,胡铁生率先在国内提出微课概念,李玉平是中国微课发起人,如图5-1所示。

图5-1 李玉平老师

【Step 2】微课的特点:短、小、精、撼、便,如图5-2所示。

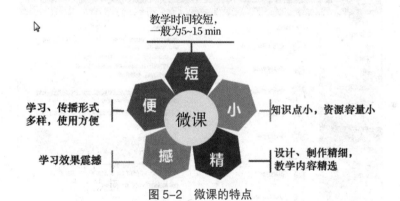

图5-2 微课的特点

【Step 3】微课的制作形式一般有三种类型:PPT式微课、讲课式微课和情景剧式微课,如图5-3所示。

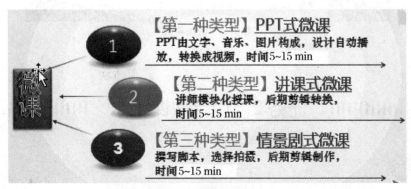

图5-3 微课制作形式

119

【Step 4】微课制作的重点是：一个中心、两个原则、三个关键、四个步骤，如图5-4所示。

【Step 5】微课从使用对象上可分为三类：教师课程、学生课程和家长课程；从素材来源上可分为五类：小现象课程、策略课程、故事课程、研究课程和品牌课程，如图5-5所示。

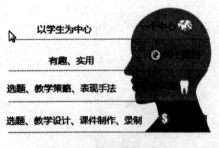

图 5-4　微课制作的重点　　　　　　　图 5-5　微课分类

【Step 6】微课的制作步骤。第一步：脚本的开发；第二步：制作PPT；第三步：转为视频。微课录制的软件有很多种，比如Camtasia、EverCam等，Microsoft PowerPoint 2010版以上可直接创建视频，如图5-6所示。

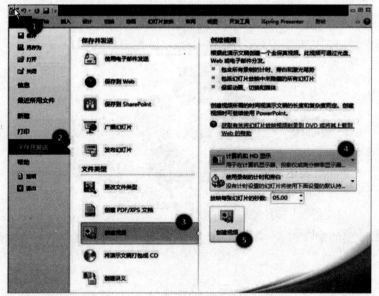

图 5-6　创建视频

任务2　设计微课脚本

任务目标

在 Word 软件中，根据微课设计要求，综合应用文本、表格等工具，设计微课脚本。

相关知识

1. 脚本

脚本，通常指表演戏剧、拍摄电影等所依据的底本或书稿的底本。微课作为一种视频呈现形式，同样需要一个底本。

2. 微课脚本的作用

一个微课作品的诞生需要两个过程：一是前期的脚本设计；二是后期的录制合成。一个优秀的微课作品，一定是依靠优秀的脚本做支撑，教师制作微课时，应该把重心和精力放在脚本设计中。

3. 微课脚本设计四步法

微课脚本设计四步法如图 5-7 所示。

图 5-7 微课脚本设计四步法

任务实施

【Step 1】选择合适的课题。并不是所有的知识点都适合做微课，能够被选作微课的课题应该满足三个条件：小、巧、精。

小：小是指知识主题小，一个微课只讲一个特定的知识点或一个问题，3~10 min 就能将其讲清楚，如果牵扯到其他知识点，则另设微课。

巧：巧是指所选题材是教学中的重难点。微课是为了解决学生学习中存在的问题，所以在选题上要尽量挑选平时学生学习中容易混淆、出错的内容进行制作，使之成为解决重难点的有力武器。

精：微课的课题应当是精选的，其内容必须且只能用视频呈现。如果使用黑板教学或进行实践活动的教学效果更佳，则不符合微课的选题要求，如制作面包怎样发酵的微课，教师口述或用图片都不能直观表达，则将其制作成动态演示就成了必需。

【Step 2】确定脚本的类型。这一步是要根据我们的具体内容来确定的。确定脚本类型的目的是为下一步做准备，因为每种类型将会有不同的设计思路。脚本包括四种类型：知识原理类、操作技能类、问题解决类和案例故事类。我们用一道连线题来理解这四种类型，如图 5-8 所示。

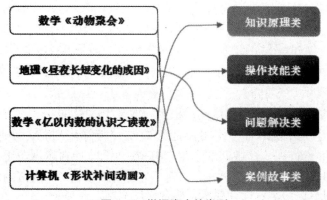

图 5-8 微课脚本的类型

【Step 3】理清内容的逻辑。有时我们会遇到看完一个微课，仍然云里雾里的问题，比如图5-9所示的设计。

图5-9中，你能看出来就餐礼仪是先入座还是先订餐吗？只有就餐词语，那订餐词语就不交代了吗？上述问题之所以让人搞不清楚，问题就出在逻辑上，不符合人的认识规律，会让学生"越听越懵"——老师到底在讲什么？不同的微课类型，要用不同的方法来"讲清楚"。

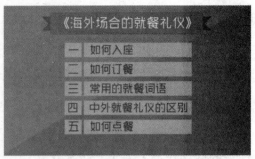

图5-9 微课《海外场合的就餐礼仪》

（1）知识原理类：用"是什么""为什么""怎么做"的方式进行讲解，即2W1H法，如"管理创新"（图5-10）。

（2）操作技能类：可以用一个操作错误作为引爆点，分析其错误的关键点，继而讲解正确的操作方法，最后进行总结，如图5-11所示。

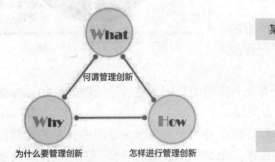

图5-10 知识原理类微课讲解流程——2W1H法

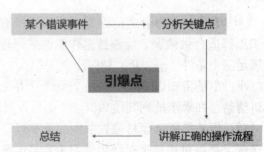

图5-11 操作技能类微课讲解流程

（3）问题解决类：既然是问题，我们可以先提出问题，继而分析问题、讲解技能，最后得出问题的解决方案。如在Reservation（前台接待）一课中，教师首先展示了学生在用英语进行前台接待中遇到的尴尬问题，通过讲解最终呈现优化后的解决方案，如图5-12所示。

（4）案例故事类：用故事来讲解知识点往往可以收到很好的效果，这是因为比起直接的讲解，观众更喜欢听故事。集齐故事的元素（时间、地点、人物、情节），创建故事的层次（开端、发展、高潮、结尾），故事就可以开讲了。如在设计"认识咖啡的三大类"时，将每种类别的咖啡豆拟人化，取名为《豆豆秀》，将这三颗豆豆放置于"豆豆PK赛"的情节中，每种豆豆作自我介绍，这样的微课设计形象而生动，极易获取学生的专注。

图5-12 问题解决类微课讲解流程

【Step 4】使用诙谐的语言。使用接地气的语言与学生对话，多使用"我们"而非"你"，可以加入当下流行词，让微课与学生"打成一片"。如在微课羊毛毡服饰展示与制作中，教师穿插了当时的流行语"都教授""亲，淘宝爆款哦~"等诙谐的语言，充满了趣味性，如图5-13所示。

项目 5 微课的制作

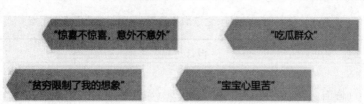

图 5-13 微课使用诙谐的语言

【微课设计实例：亿以内数的认识之读数（知识原理类）】

亿以内数的认识之读数微课教学设计方案主要包括两部分：教学设计基础信息和设计过程。在实例中有针对性地提出了各环节的设计要点和注意事项，并根据国内外各微课大赛评价标准给出了设计建议供大家参考，如表 5-1 和表 5-2 所示。

表 5-1 亿以内数的认识之读数微课教学设计基础信息及评价要点

微课名称	亿以内数的认识之读数 （微课名称准确，知识点比较小，能在 10 min 内讲完）				作者	黄瑞兰
知识点	亿以内数的认识之读数	学科	数学	学段		小学
知识点来源	年级：__四年级上__　教材版本：__人教版__ 章节：__第 1 单元"亿以内数的认识"__ （知识点和知识点来源信息准确）					
教学目标	通过本节课的学习，学习者将要达到的学习目标： 1. 知识与技能：基本知识和基本技能。（学什么） 2. 过程与方法：让学生了解知识形成的过程，学会发现问题、思考问题和解决问题的方法。（怎么学） 3. 情感、态度和价值观：让学生形成积极的学习态度，学会学习，形成创新精神和实践能力等。（有何影响） 目标内容：包含知识与技能、过程与方法、情感态度和价值观，最好明确标出。 目标要求：教学目标明确、详细、可操作性强，符合学科特点，符合课标要求，符合学生特点及实际情况。 目标宗旨：体现对学生知识、能力、思想与创造思维等方面的发展要求					
重难点	重难点：分析本节课的重点和难点在哪里，有针对性、目的明确地进行重点设计和讲解。 教学重点：重点突出，点面结合，深浅适度。 教学难点：难点描述清楚、把握准确，能够化难为易、以简代繁、处理恰当					
准备	在录制微课之前需要准备的素材、设备等，比如：多媒体课件、教学设计、分镜头脚本、录制软件、话筒、安静的录制环境。 准备工作：描写准确，操作方便					

表 5-2 亿以内数的认识之读数微课教学设计过程及评价要点

序号	内容说明（要点纲要）	设计过程		时长（画面持续时间）/s
		画面（画面上呈现的元素及效果）	解说词（解说旁白，用于配音）	
	该部分体现教学思路，教学主线描述清晰，具有较强的系统性和逻辑性	该部分要求：内容充实精要，适合学生的理解水平；层次与结构合理，过渡自然，步骤清晰，便于操作；能够理论联系实际，注重教学互动，启发学生思考，培养学生分析问题、解决问题的能力；有一定的创新性，有助于支持自主学习、合作学习或探究学习，有助于师生、生生有效互动		该部分体现对教学时间的把握能力，时间分配科学、合理，符合教学目标的要求
1	片头	微课标题及制作者、单位	同学们好，今天我们来学习亿以内数的认识里面的数的读法	10
2	复习	1. 背景图（个、十、百、千、万）。 2. 读一读下面的数。 3. 数字：6，17，219，3 517。 4. 单击分别出现六、十七、二百一十九、三千五百一十七	首先，我们来复习一下： 读一读下面的数。（一边读，一边单击出现结果）	30
3	新授知识	1. 出现：如果遇到比较大的数，我们该如何准确地读出来？ 2. 出现数字：63 517。 3. 在数字下面画一条线，强调从右边往左边数四个数，再画竖线，呈现出"十字架"。 4. 出现：个级和万级。 5. 用长方形挡住"个级"读出"万级"上的数，单击出现六，再单击出现万，然后用长方形挡住"万级"读出"个级"上的数，单击出现三千五百一十七	如果遇到比较大的数，我们该如何准确地读出来？ 比如：63 517 这个数。 今天，老师就教大家用"十字架"的方法来读一读亿以内数（边演示边讲解），比如我们要读这个数。 首先在它的下面轻轻地画一条线，然后从右往左数四位，再轻轻地画一条竖线，其实这样就把这个数分成了上节课我们讲的"万级"和"个级"。 万级上的数是 6，我们可直接读出六，因为它在万级，所以还要读出"万"，个级上的数读作三千五百一十七	120
4	加强巩固	背景：这个方法好像挺不错，再试试。 数字：126 529 　　　　3 628 156 　　　　64 827 203 单击出现： 十二万六千五百二十九等其他同上	（用同样的方法演示、讲解）	60
	注意：辅导与答疑设置合理，符合学生的学习状况；练习、作业和讨论安排符合教学目标，能够强化学生反思能力，加深学生对课业的理解，提高学生分析问题、解决问题的能力			

续表

序号	内容说明（要点纲要）	画面（画面上呈现的元素及效果）	解说词（解说旁白，用于配音）	时长（画面持续时间）/s
5	关于"0"的读法	背景：特别注意"零"的读法！ 数字：102 530 　　　20 356 006 　　　15 000 030	（用同样的方法演示，讲解关于零的读法。）每级末尾的零不用读，其他数位有零或连续几个零读零	50
6	总结提炼	依次出现： 先读万级，再读个级； 万级的数，要按照个级的数的读法来读，再在后面加一个"万"字； 每级末尾不管有几个0，都不用读，其他数位上有一个0或连续几个0，只读一个零	这节课我们讲了关于亿以内数的读法，先读万级，再读个级。 万级的数，要按照个级的数的读法来读，再在后面加一个"万"字。 每级末尾不管有几个0，都不用读，其他数位上有一个0或连续几个0，只读一个零。 今天的课就讲到这里，用刚才的方法试一试吧	30
7	片尾	Thank you	同学们，今天我们上课就到这里	5

文档整体要求：
1. 文档结构完整，布局合理，格式美观整齐。
2. 文档内容的文字、符号、单位和公式符合国家标准规范；语言清晰、简洁、明了，字体运用适当，图标运用恰当

任务3　认识制作PPT课件常见的误区

任务目标

PPT课件的制作虽然简单，但是很多人在课件的制作上产生了很多错误的认知。下面我们对PPT课件制作过程中常见的几个误区进行总结。

相关知识

1. 课件

课件是根据教学大纲的要求，经过教学目标确定、教学内容和任务分析、教学活动结构及界面设计等环节而加以制作的课程软件。它与课程内容有着直接联系。

2. 多媒体课件

多媒体课件是根据教学大纲的要求和教学的需要，经过严格的教学设计，并以多种媒体的表现方式和超文本结构制作而成的课程软件，现在应用最广泛的多媒体课件形式是PPT。

任务实施

【Step 1】认识常见误区一：把 PPT 课件当作发言稿。有些人把 PPT 当作发言稿来撰写，使用 PPT 替代发言稿，没有充分发挥 PPT 在报告讲授过程中的视觉辅助作用，讲课变成了照本宣科，让人昏昏欲睡，如图 5-14 所示。

【Step 2】认识常见误区二：字体颜色与背景颜色混为一体。PPT 字体的颜色与背景的颜色混为一体，让人看起来十分费力，如图 5-15 所示。

【Step 3】认识常见误区三：塞满了各种图表与曲线。PPT 页面上塞满了各种图表和曲线，让学习者看起来十分费力，如图 5-16 所示。

图 5-14　PPT 常见误区一

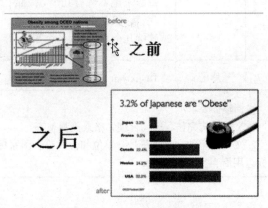

图 5-15　PPT 常见误区二　　　　　图 5-16　PPT 常见误区三

【Step 4】认识常见误区四：使用标准模板。大多数人设计使用 PPT，选用标准的模板，以文字表达为主。人们在各种场合看到的 PPT 千人一面，没有特色，不能够给学习者留下深刻的印象，如图 5-17 所示。

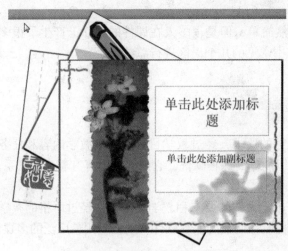

图 5-17　PPT 常见误区四

【Step 5】认识常见误区五：所见即所得。在 PPT 上文字过多、文字太小、图片不清晰，以为计算机屏幕效果就是投影效果，不站在学习者的视角思考呈现的内容，实际的效果大打折扣。讲演者在自己的计算机屏幕上面设计 PPT，无论字体大小、色彩还是图片细节都看得十分清楚，但是到了会场，投影器将 PPT 投射到墙上或屏幕上，坐在后面的听众却感觉一片模糊，如图 5-18 所示。

图 5-18　PPT 常见误区五

【Step 6】认识常见误区六：堆积过多的内容元素。在 PPT 上面堆积过多的内容元素（文字、图片、色彩、动画等），干扰了学习者对主题的注意和记忆，造成重点不明显、主题不突出，如图 5-19 所示。

图 5-19　PPT 常见误区六

【Step 7】认识常见误区七：前后内容缺乏逻辑。屏幕版式排列杂乱，前后幻灯片之间的内容缺乏逻辑，使学习者丈二和尚摸不着头脑，如图5-20所示。

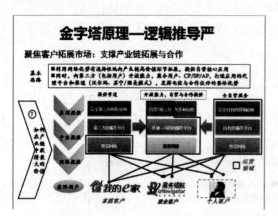

图 5-20　PPT 常见误区七

【Step 8】认识常见误区八：无关的"美景"干扰主题。过多的插图会分散注意力，过于复杂的画面会增加认知负荷，导致插图与背景混淆，如图5-21所示。

【Step 9】认识常见误区九：文字过大或过小。PPT 上的文字大小没有固定的标准，具体取决于离 PPT 投影面最远的距离，一般而言，PPT 上字号最小应为"20"号，如图5-22所示。

图 5-21　PPT 常见误区八

图 5-22　PPT 常见误区九

【Step 10】认识常见误区十：超链接文件找不到。在播放 PPT 时发现 PPT 上超链接的文件（文件、音乐、视频等）无法打开，错误提示"无法打开指定的文件"，这就是在转存 PPT 课件时，只转存了单独的 PPT 文件，而没把那些超链接的文件也同时转存，如图 5-23 所示。

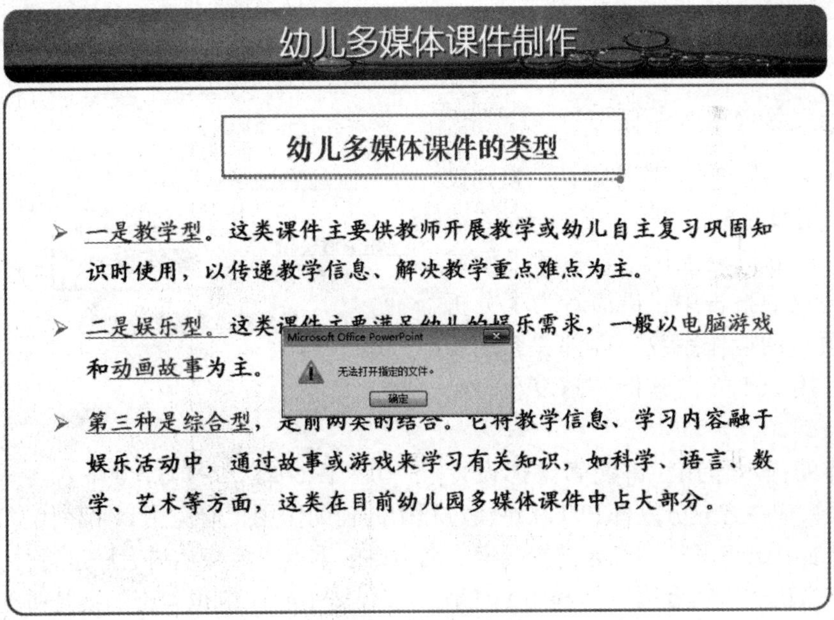

图 5-23　PPT 常见误区十

【Step 11】认识常见误区十一：图片变形。有些讲演者随意拖拉图片，造成图片长宽比例失调，影响呈现效果，如图 5-24 所示。

图 5-24　PPT 常见误区十一

任务 4　提升 PPT 设计艺术与攻略

任务目标

针对前面提出的 PPT 的常见误区，我们总结了七大攻略，以此来提升 PPT 设计效果。

任务实施

【Step 1】攻略一：整体设计。整体设计的设计原则如图 5-25 所示。

（1）发挥分析论证作用。在学术性或专项论证会议的报告中，讲演者为了分析某事物或项目的运作系统、内部关系、发展趋势，利用 PPT 提供分析的图表和充足的资料。

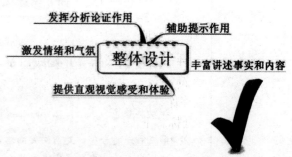

图 5-25　PPT 设计攻略一：整体设计

（2）辅助提示作用。讲演者整体设计自己的讲授，应注意充分发挥 PPT 在讲演过程中的辅助作用，避免用 PPT 替代发言稿的做法。PPT 帮助讲演者组织思路，引导讲授线索，突出讲解重点，保障演讲有序进行。

（3）丰富讲述事实和内容。利用 PPT 作为多媒体平台，组织丰富的视觉听觉材料，讲述丰富动人的故事，或者列举大量的实证资料。

（4）激发情绪和气氛。通过色彩、动画、音乐等元素的运用，使学习者与讲演者之间产生情感互动，煽动情绪高潮，制造课堂或会场的气氛。

（5）提供直观视觉感受和体验。利用 PPT 将真实世界的图像展示在学习者面前，将抽象的或默会的理念转化成可视化图像展现给学习者。

> 【充电站】一堂课是否精彩关键在于人而不是工具
>
> 　　一堂课是否精彩关键在于人而不是工具，教师设计教学，首先要关注学习者，关注教学内容，然后根据教学的需要、教学情境的实际需要，灵活地设计和使用 PPT，PPT 的目的是促进和提高教学效果。选择需要用幻灯片展示的内容来做 PPT，幻灯片可以代替板书，但不全是板书，幻灯片可以显示教材内容，但幻灯片显示的不仅是教材内容，想想幻灯片还能做些什么呢？

【Step 2】攻略二：简洁即美。PowerPoint 的英文原意是"重点""要点"，简洁即美设计原则如图 5-26 所示。

（1）每一张幻灯片突出一个主题。

（2）精炼出关键词。只写发言要点，将发言要点精炼出关键词，不要把 PPT 当成 Word 文件，幻灯片上只出现关键性的词语或短句，而不是你要说的每句话。

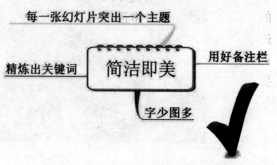

图 5-26　PPT 设计攻略二：简洁即美

（3）字少图多。应该尽量字少图多，详细的内容可以写在备注里面，或者另外使用 Word 文稿提供辅助学习的讲义和阅读资料。

（4）用好备注栏。如果你希望为听众提供更多的文字资料，可以将有关的文字资料放在 PPT 的备注中，这一方面可以作为发言者讲话的提示，另一方面可以制作阅读材料提供给听众学习。学习者在课后可能需要复习资料，没有到现场的人可能也想了解相关的内容，带有备注的 PPT 就像简易讲义一样，非常有用。

【Step 3】攻略三：换位思考。学习者就是上帝，你的 PPT 永远是为学习者服务的，换位思考设计原则如图 5-27 所示。

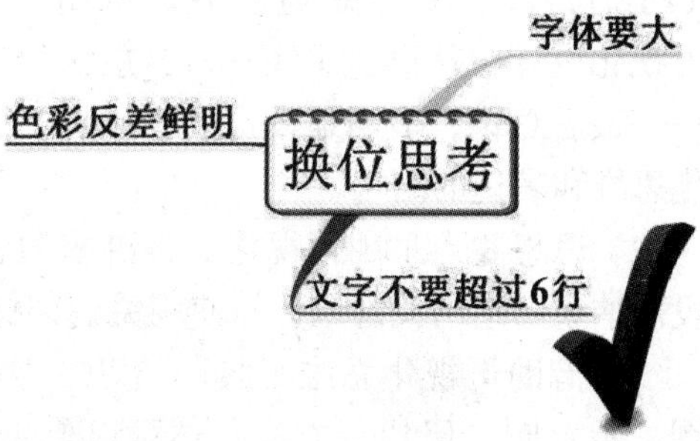

（1）色彩反差鲜明。字体和屏幕背景的色彩对比反差要鲜明，如白底黑字、蓝底白字，可以留意一下高速公路上的路标是如何设计的，怎样才能够保证汽车驾驶员在高速行驶时能够看清楚远处标牌上面的文字。

图 5-27　PPT 设计攻略三：换位思考

（2）字体要大。幻灯片上面的字体要大，保证坐在最后一排的学习者都能够看清楚屏幕上面最小的字体。

（3）文字不要超过 6 行。每页幻灯片上面的文字不要超过 6 行，最好在 3 行以下，字体大小和文字的行数究竟多少合适，文字与背景的反差是否清晰，利用一次上课的机会，坐到教室的最后一排看看，再到教室左右两边看看，心里就有数了。设计幻灯片时，一定要照顾到后排和左右两边的学习者是否能够清晰地看到 PPT 的内容。

【充电站】PPT 设计 4×6 原则

（1）每页最多 6 行字；（2）每行最多 6 个字；（3）据屏幕 6 步远可以看清楚字体；（4）最多 6 秒钟可以理解 PPT 内容。

【Step 4】攻略四：结构一致性。结构一致性设计原则如图 5-28 所示。

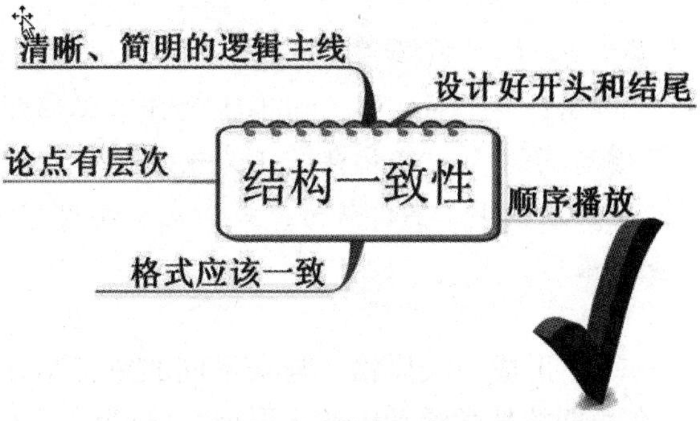

（1）清晰、简明的逻辑主线。整体设计 PPT 的内容分布排列，报告与发言要有清晰、简明的逻辑主线，可以采用"递进"或"并列"两类逻辑关系组织内容。

（2）论点有层次。要清晰地表达出讲话论点的层次性，通过 PPT 每页不同层次的"标题"，包括字体逐层变小、逐层缩进，同级字体的大小、颜色一致，让观众对整个 PPT 的逻辑关系一目了然（最好不要超过 3 层纵深）。

图 5-28　PPT 设计攻略四：结构一致性

（3）格式应该一致。整套幻灯片的格式应该一致，包括颜色、字体和背景等。

（4）设计好开头和结尾。注意设计好开头和结尾的幻灯片，因为学习者对一场报告的开头和结尾记忆最深，开头要设计醒目的标题和署名，告诉观众你是谁、你准备谈什么内容；最后一张幻灯片要有讲演者或制作单位的署名和联系方法，给学习者留下一个完整的印象。

（5）顺序播放。设计幻灯片演示的顺序最好是顺序播放，切忌幻灯片来回倒腾，使讲演者本人和学习者都容易陷入混乱。

【Step 5】攻略五：可视化思维与表达。一幅好图胜过一千句话，可视化思维与表达设计原则如图5-29所示。

（1）恰当的设计和安排。整体设计PPT时，应充分考虑到整个讲演稿的可视化设计，从讲演主线——分层讲述——最后总结，恰当地设计和安排可视化思维和表达的结构。

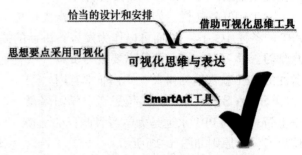

图5-29　PPT设计攻略五：可视化思维与表达

（2）思想要点采用可视化。将讲演的思想要点采用可视化的图形加以表达，将主要的文字段落抽象归纳出关键词，并使用关键词标注可视化图形。

（3）借助可视化思维工具。给PPT加上可视化表达可以采用简笔画、图形组织法、概念图、示意图、照片等方法，还可以借助可视化思维工具软件设计幻灯片，如Inspiration、MindManager。

（4）SmartArt工具。利用PPT的自选图形、绘图工具、插入组织结构图或Windows的附件/画图工具来设计可视化图形，Microsoft PowerPoint 2007以后的版本中SmartArt工具可以用来设计令人眼睛一亮的立体彩色示意图形。

【Step 6】攻略六：设计创感PPT。精彩的PPT会极大地拓展传播效果，设计创感PPT的设计原则如图5-30所示。

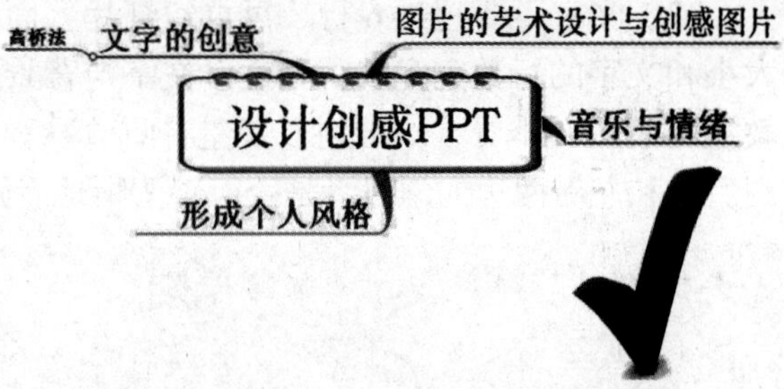

（1）文字的创意。文字的创意即用极

图5-30　PPT设计攻略六：设计创感PPT

简单的方法呈现文字，每页幻灯片不超过10个字，采用几个特大字突出报告关键词，有极强的视觉冲击力，让人难忘。

【充电站】"高桥法"介绍

　　"高桥法"是一位名叫高桥的日本工程师发明的一种PPT设计方法，就是用极简单的方法呈现文字。"高桥法"认为，每页幻灯片上不应该超过10个字，应采用极大的字体凸显在屏幕中央。高桥认为，采用几个特大字突出PPT中的关键词，有极强的视觉冲击力，让人难忘。

（2）形成个人风格。与众不同的风格会让观众印象深刻。以讲课和讲演为职业的教师，会在长期的教学活动中逐步形成自己的讲课风格，也会形成个人设计使用PPT的风格。PPT的风格主要体现在常用的PPT母版和标题页与结束页上。可以通过"母版"定义PPT的风格，包括构图风格、文字风格和LOGO标志等。

（3）图片的艺术设计与创感图片。众多讲演者的实践经验表明，PPT用图片来进行演讲能够达到比单纯文字更好的沟通效果，也能够产生更大的视觉冲击力，因为没有一个学习者能够记住PPT上面的那些数据及文字。选择那些动人的照片、漫画、风光，配合主题准备一些真实的特写照片,再配上简练的文字,可以达到极佳的视觉效果。在PPT艺术设计时要把握好配色攻略、文字攻略和打造个性化模版,如图5-31所示。

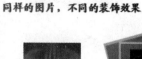

图5-31　PPT图片的艺术设计

(4)音乐与情绪。现在,国内外大型的报告会议都有专门的调音师和乐队为主讲人现场配乐,音乐能够唤起学习者与讲演者的共鸣。设计PPT时要根据讲演主题选择合适的音乐,制作者可以从北京2008奥运会万人关注的主题音乐和CCTV的片头音乐中得到启迪。

【Step 7】攻略七:持续改进。持续改进设计原则如图5-32所示。

持续改进的途径有:①反思总结;②留心身边的可视化设计范例,比如地铁广告、街头广告、报纸杂志设计、商业包装设计等;③学习高水平PPT;④与PPT高手交流经验。

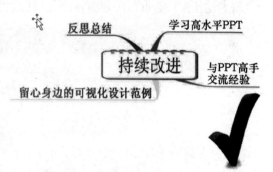

图5-32　PPT设计攻略七:持续改进

【案例1:灵活应用、形象表达——巧用LOGO的案例与技巧】

【Step 1】原图如图5-33所示,页面整体显得饱满充实,虽加入图示得以改观,但文字居多,仍略显枯燥。

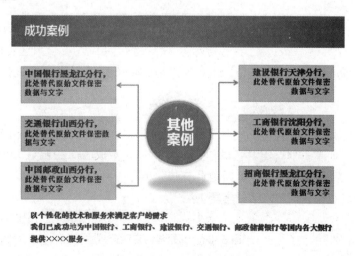

图5-33　巧用LOGO案例原图

【Step 2】将文字区分主次关系，缩小字号，淡化辅助文字，如图 5-34 所示。

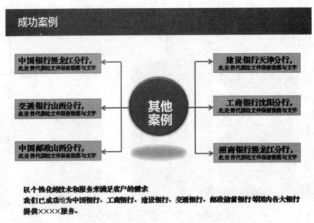

图 5-34　区分主次文字关系

【Step 3】用 LOGO 替换各个银行的名称，丰富此处枯燥的文字排列，如图 5-35 所示。

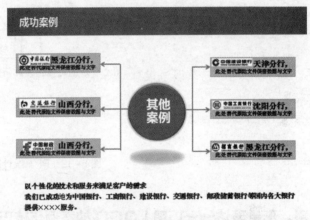

图 5-35　用 LOGO 替换文字

【Step 4】将下方文字进行标题与内容区分，修改字号和颜色，如图 5-36 所示。

图 5-36　标题与内容区分

【Step 5】因 LOGO 图片含有白色背景,所以要把多余的白色背景进行处理,选中图片,选择"格式"→"颜色"→"设置透明色",如图 5-37 所示。

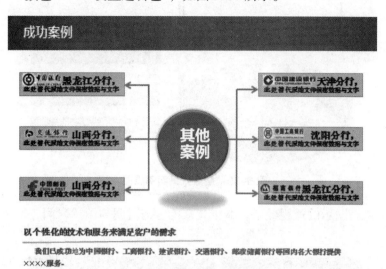

图 5-37 处理图片白色背景

【Step 6】之前黑压压的文字有了点缀的图形,使得文字中客户名称变得一目了然,效果如图 5-38 所示。

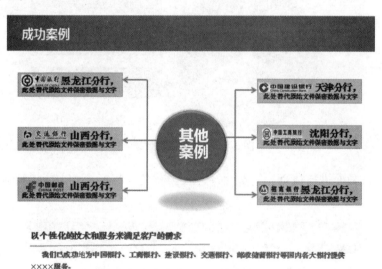

图 5-38 案例效果

【案例 2:学会删除图示中不必要的"效果"】

【Step 1】原图如图 5-39 所示。使用立体和透视效果虽然可使图示变得富有趣味性与冲击力,但是,在图示关系较为复杂的情况下则显得多余。

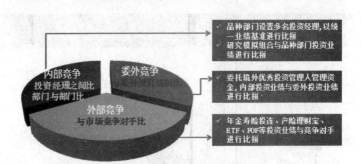

图 5-39 删除效果案例原图

【Step 2】取消图示的透视效果，减少观众的考虑时间与阅读时间，使页面直观，如图 5-40 所示。

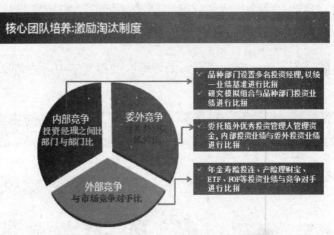

图 5-40 取消透视效果

【Step 3】将画面进行梳理，箭头由绿色设为灰色，将箭头和图示进行有序的组合，如图 5-41 所示。

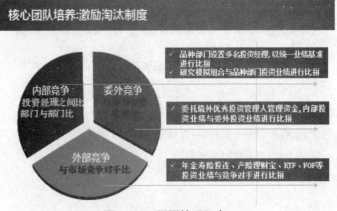

图 5-41 画面梳理组合

【Step 4】去掉多余的绿色,令人视觉清晰明快,为保持统一性,立体效果也一并去掉,如图 5-42 所示。

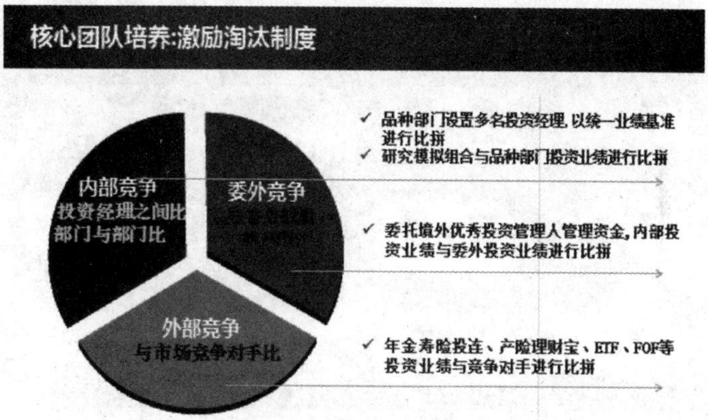

图 5-42 去掉多余的绿色效果

【Step 5】对右边的文字内容。修改项目符号,修饰字体与字号,突出标题文字。最终效果如图 5-43 所示。

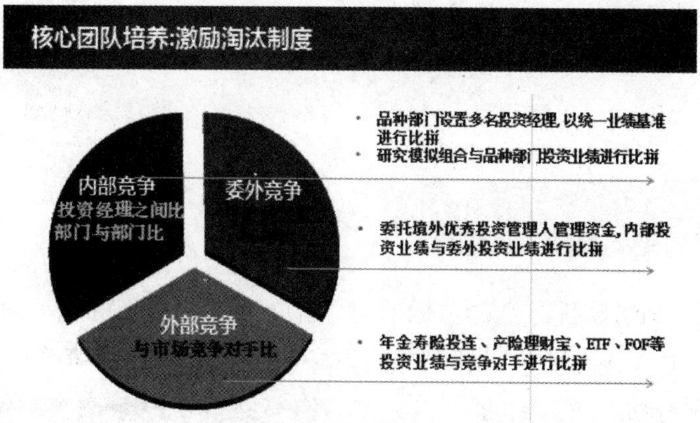

图 5-43 案例效果

【充电站】颜色使用小技巧

在深色的背景上放置文字通常运用反白来使文字清晰可见,如同上图的灰色、橙色的位置。

任务 5 制作 PPT 课件

任务目标

在 PPT 软件中,综合应用文本框、艺术字、音频和视频插入、超链接、模板和母版设计、自定义动画、幻灯片切换、放映方式和打包等功能,完成"助巧虎记"课件制作任务,最终效果如图 5-44 所示。

图 5-44 "助巧虎记"幻灯片浏览效果

任务说明

利用 PPT 制作"助巧虎记"多媒体课件。

任务实施

一、新建、插入幻灯片

【Step 1】打开 PPT 软件,选择"标题幻灯片"版式,输入标题"助巧虎记",副标题"微课制作人:曾伟苇",设置好合适的字体、字号,效果如图 5-45 所示。

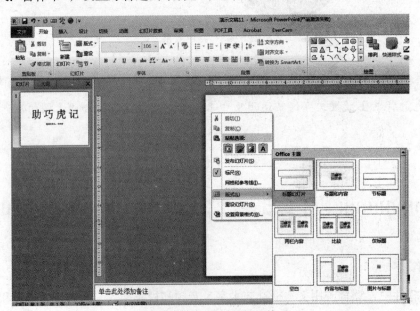

图 5-45 新建标题幻灯片

【Step 2】单击"开始"→"新建幻灯片",选择"空白"版式插入新的幻灯片页面,如图 5-46 所示。

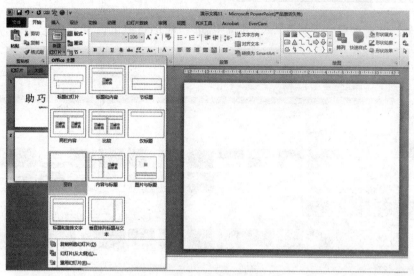

图 5-46 新建空白幻灯片

二、下载并使用特殊的字体

【Step 1】利用百度或谷歌搜索引擎,在搜索栏中输入关键词:"可爱字体",进入相关网站中,选择"林黛玉创意字体"下载,下载文件名为 lindaiyu@1715_431469.exe,双击文件运行后得到压缩文件 lindaiyu.zip,单击解压到同名文件夹 lindaiyu,如图 5-47 所示。

图 5-47 下载特殊字体

【Step 2】打开文件夹 lindaiyu,找到文件"林黛玉字体.ttf",将其复制并粘贴至"C:/Windows/Fonts",系统会自动进行字体安装,安装后的字体可以在 Word、Excel、PowerPoint 等相应软件中使用,如图 5-48 所示。

图 5-48 安装特殊字体

三、应用设计模板和母版

【Step 1】单击菜单"设计"→"浏览主题",应用自制的"助巧虎记.pot"模板,如图 5-49 所示。

图 5-49 设计模板

【Step 2】单击"视图"→"幻灯片母版",在标题幻灯片左上角插入巧虎图标,设置好后单击"关闭母版视图",这样后面应用的所有标题幻灯片左上角都会有巧虎图标,如图 5-50 所示。

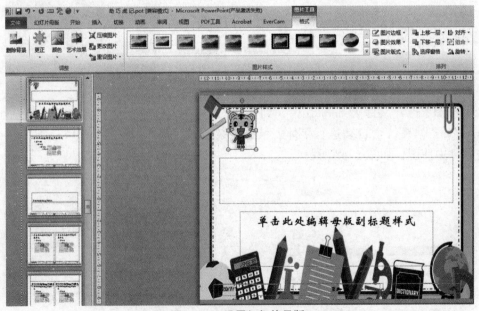

图 5-50 设置幻灯片母版

项目 5　微课的制作

四、插入文本框、艺术字、音频和视频

【Step 1】单击"插入"→"文本框",输入需要的文本内容,如图 5-51 所示。

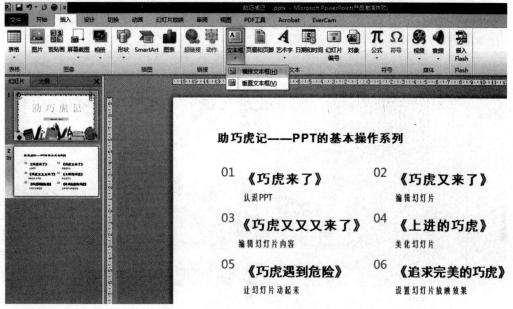

图 5-51　插入文本框

【Step 2】在 PPT 第二页,单击菜单"插入"→"艺术字",选择"渐变填充-强调文字颜色 6,内部阴影",输入"快乐的巧虎",设置文本填充和文本轮廓颜色为红色,文本效果为"转换-波形 1",如图 5-52 所示。

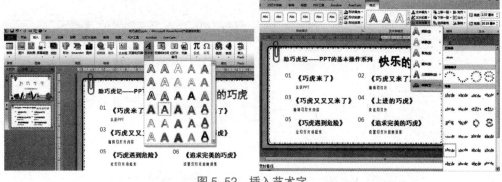

图 5-52　插入艺术字

【Step 3】在PPT首页，单击菜单"插入"→"音频"→"文件中的音频"，选择音频文件"背景音乐.mp3"上传，在页面出现喇叭图标，如图5-53所示。

图5-53　插入音频

【Step 4】单击菜单"动画"→"动画窗格"，在PPT的右边即可呈现动画窗格；单击音频文件右边的倒三角图标，选择"效果"选项，设置音频开始播放为从头开始，停止播放为第22张幻灯片后；选择"计时"选项，设置开始为"与上一动画同时"，重复为"直到幻灯片末尾"，这样插入的音频文件则在打开幻灯片时自动重复从头播放到尾，如图5-54所示。

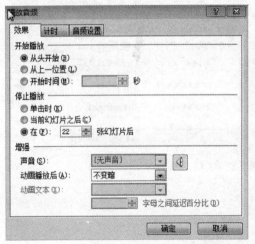
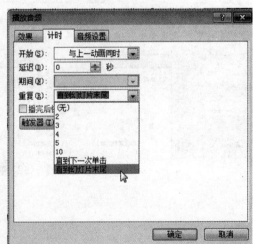

图5-54　设置音频效果

项目 5　微课的制作

【Step 5】在首页后新建一页空白幻灯片,单击菜单"插入"→"视频"→"文件中的视频",选择视频文件"巧虎.mp4"上传,将播放界面布满整个幻灯片界面,如图5-55所示。

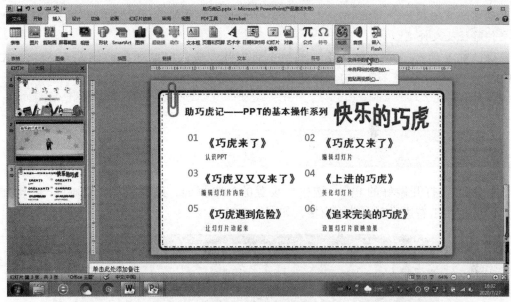

图 5-55　插入视频

【Step 6】在右边的"动画窗格"中单击视频文件右边的倒三角图标,设置为"从上一项开始",这样插入的视频文件则在打开幻灯片时自动播放,如图5-56所示。

图 5-56　设置视频效果

【充电站】PPT 插入视频三种方法

①插入→视频→文件中的视频；②超链接；③文件→选项→快速访问工具栏→开发工具选项卡→其他控件→Windows Media Player→画矩形区域→通过右键选择"属性"→输入文件路径及文件名。

注：对于插入→影片和声音→文件中的影片，默认可以支持的格式为 ASF、AVI、MPEG 和 WMV。如果不是，可以使用格式工厂进行格式转换。

五、设置自定义动画和切换效果

【Step 1】打开做好的 PPT，选中要设置的 PPT 页面，选择菜单"动画"→"动画窗格"，即可在 PPT 右边呈现出动画窗格，如图 5-57 所示。

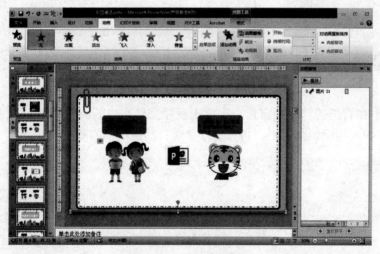

图 5-57　打开动画窗格

【Step 2】选中要添加动画的对象，单击"动画"→"添加动画"，选择"浮入"效果，如图 5-58 所示。

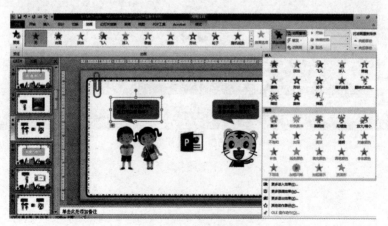

图 5-58　添加动画

项目 5　微课的制作

【Step 3】在右边的"动画窗格"中，选中左边的文本框对象"组合 4"，单击右边的倒三角图标，设置为"从上一项之后开始"，这样"组合 4"则在前面对象播放后自动播放，如图 5-59 所示。

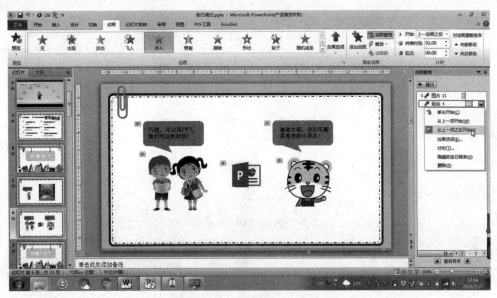

图 5-59　设置动画效果一

【Step 4】以同样的步骤设置其他幻灯片页面的自定义动画效果，如图 5-60 所示。

图 5-60　设置动画效果二

【Step 5】选中幻灯片 1,单击菜单"切换",选择"淡出",效果选项"平滑",声音"风铃",持续时间"01.00",即可完成此页面的切换效果,如图 5-61 所示。

图 5-61　设置幻灯片切换效果一

【Step 6】重复上面的操作可完成其他幻灯片页面的切换效果设置。如果所有的页面切换效果相同,则在设置完成后单击"全部应用",如图 5-62 所示。

图 5-62　设置幻灯片切换效果二

六、设置超链接与动作按钮

【Step 1】打开第三页PPT,选中文字"认识PPT",点击鼠标右键,选择"超链接"→"本文档中的位置"→"幻灯片4"(图5-63),单击"确定",则在设置了超链接的文字下面会自动添加一条下划线。

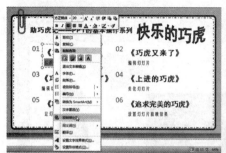
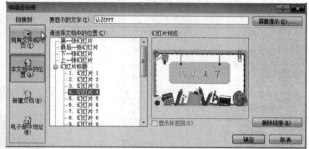

图5-63 插入超链接一

【Step 2】执行同样的操作,将其他五个部分的标题分别超链接到相应的页面,如图5-64所示。

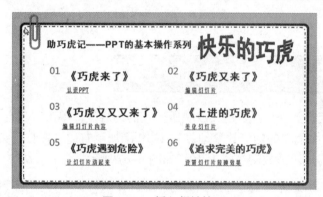

图5-64 插入超链接二

【Step 3】打开第一部分内容的最后一页幻灯片6,单击"插入"→"形状"→"动作按钮",选择第五个图标,此时鼠标变成十字形,在PPT空白区域画一个大小合适的图标,弹出"动作设置"菜单,选择"超链接到"幻灯片3即可,如图5-65所示。

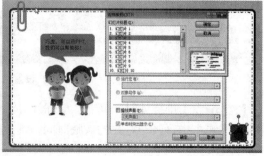

图5-65 插入动作按钮一

【Step 4】执行同样的操作,在其他五部分的最后一页分别插入与幻灯片 6 相同的图标,均超链接到幻灯片 3。直接将幻灯片 6 中设置好超链接的动作按钮复制到需要的页面中,也可超链接到幻灯片 3。这样,设置了超链接的页面可以实现相互跳转效果,如图 5-66 所示。

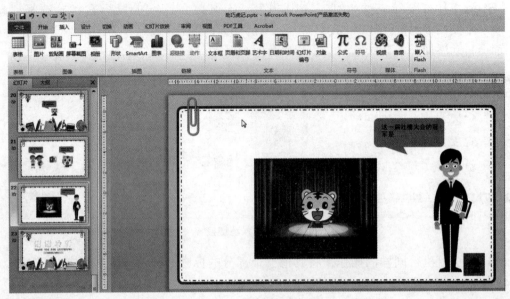

图 5-66 插入动作按钮二

七、设置幻灯片的放映方式和打包

【Step 1】自定义放映:可自定义放映所选择的幻灯片。单击"自定义放映",选择"新建",选中"在演示文稿中的幻灯片"幻灯片 1~10 添加至右边"在自定义放映中的幻灯片",确定后单击"放映"即可播放幻灯片 1~10,如图 5-67 所示。

图 5-67 设置自定义放映的幻灯片

【Step 2】排练计时:单击"排练计时",幻灯片进入全屏放映方式,在播放时自动记录自定义放映 1 中每张幻灯片的放映时间,播放完后保留幻灯片排练时间,如图 5-68 所示。

项目 5　微课的制作

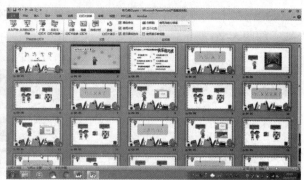

图 5-68　设置排练计时

【充电站】排练计时使用小技巧

启动全屏幻灯片放映，供排练演示文稿，在每张幻灯片上所用的时间将被记录下来，可以保存这些计时，以后将其用于自动运行放映。

【Step 3】设置幻灯片放映方式。选择"在展台浏览（全屏幕）"，放映幻灯片为"自定义放映 1"，换片方式为"如果存在排练时间，则使用它"，如图 5-69 所示。

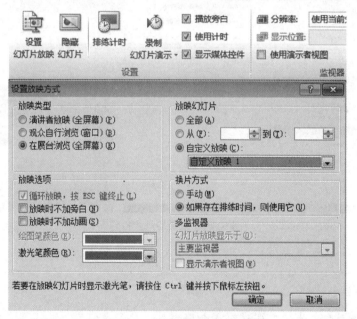

图 5-69　设置幻灯片放映方式

【充电站】设置幻灯片放映方式

幻灯片的放映方式有三种：演讲者放映、观众自行浏览和在展台浏览放映。第三种方式会自动选中"循环放映，按 [Esc] 键终止"。放映幻灯片可选择播放全部的幻灯片，也可选择其中的部分页面，如之前已设置过自定义放映，也可选择自定义放映方式。

【Step 4】录制幻灯片演示：除了排练计时，我们还可以录制幻灯片演示时的旁白和激光笔，如图5-70所示。

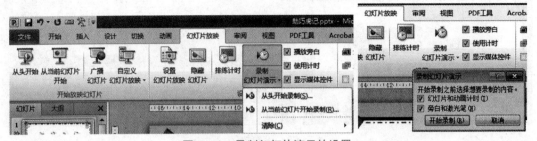

图5-70　录制幻灯片演示的设置

【Step 5】打包：选择"文件"→"保存并发送"→"将演示文稿打包成CD"→"打包成CD"→"复制到文件夹"，设置文件夹名称为"助巧虎记"，位置为"D:\项目5\"，于是在"项目5"目录下自动生成一个名为"助巧虎记"的文件夹，如图5-71所示。

图5-71　设置幻灯片打包

【充电站】打包小技巧

　　将演示文稿打包，创建一个包以便其他人可以在大多数计算机上观看此演示文稿。打包时会自动将链接或嵌入的视频、声音和字体以及其他所有文件，还有PPT的播放器等内容放置在一个文件夹内。

项目 5　微课的制作

【Step 6】打印：选择"文件"→"打印"，可以打印全部或部分幻灯片，也可以把 PPT 打印成讲义，如图 5-72 所示。

图 5-72　幻灯片讲义打印

任务 6　掌握 EverCam 录制方法

任务目标

掌握 EverCam 录制屏幕和录制 PPT 两种方法。

相关知识

屏幕录像软件，简单来说就是录制桌面操作的软件，准确来说是指录制来自计算机视窗环境桌面操作、播放器视频的内容，包括录制 QQ 视频、游戏视频以及计算机视窗播放器的视频等功能的专用软件，主要用于视频图像的采集和教学操作视频的制作。市面上的屏幕录像软件数不胜数，比如 Camtasia、EverCam 和 EV 录屏等。

任务实施

一、录制屏幕

【Step 1】打开 EverCam 软件，选择"新增专案"，设置路径为 D 盘根目录下，文件名为"evercam"，如图 5-73 所示。

151

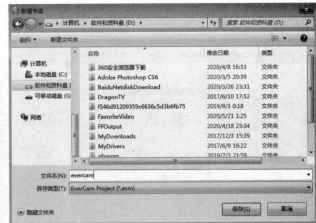

图 5-73 新增专案

【Step 2】在桌面顶端中央弹出 EverCam 操作菜单，单击左边红色"开始录制"按钮，进入音量设定界面，单击"开始录影"。当正常说话时，音量显示为绿色，表示音量合适；如有红色方格出现，则需要将音量调小一点，如图 5-74 所示。

【Step 3】打开要录制的 PPT "对称轴.pptx"，选择"幻灯片放映"→"从头开始"，教师讲课的声音和桌面操作就会一一录制下来，如图 5-75 所示。

图 5-74 设定音量

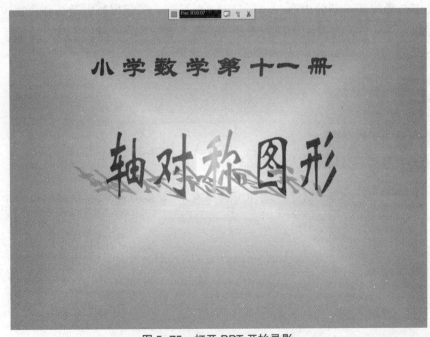

图 5-75 打开 PPT 开始录影

【Step 4】除了语音讲解和 PPT 放映，教师还可以通过单击右边的白板图标、画笔、分段落与学生进行互动操作，如图 5-76 所示。

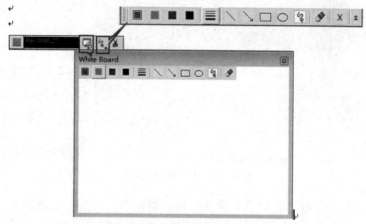

图 5-76　白板和画笔工具

【Step 5】播放完成后，单击左边第一个绿色的方框完成录制，弹出"编辑标题"对话框，输入讲解标题，单击"确定"，如图 5-77 所示。

【Step 6】EverCam 录制的 PPT 视频，每一页 PPT 都是单独的一个视频，可以对单个页面进行单独编辑。单击 EverCam 录制工具的倒三角图标，选择"编辑讲解"，即可进入 EverCam 编辑界面，如图 5-78 所示。

图 5-77　完成录制

图 5-78　编辑视频

【Step 7】单击左边的"PPT 页面标题"，可以选中相应的视频录制页，每个视频录制页下面有蓝色的波形图，这就是刚刚录制的声音，我们可以对录制的声音进行编辑。单击波形图的某一点，单击剪刀图标，设定"删除起点"和"删除终点"，再单击"删除区间"，这样选中的声音部分即被删除，如图 5-79 所示。

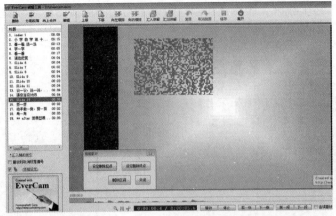

图 5-79 编辑录制的声音

【Step 8】如果对某个页面效果不满意,可以对这个页面进行重新录制。打开需要重新录制的页面"学一学",单击"录制",录制完成后单击"编辑讲解",打开 EverCam 编辑工具,即可看到在原来录制的页面后面加上了刚刚录制的新页面"学一学",如图 5-80 所示。

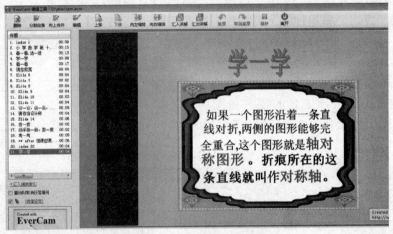

图 5-80 重新录制新页面

【Step 9】选中刚刚录制的"学一学"新页面,将它移至原来的"学一学"后面,然后将原来的"学一学"页面删除,将刚刚最后一页"index 20"多录制的页面也一并删除,如图 5-81 所示。

图 5-81 编辑重新录制的新页面及相关页面

项目 5 　微课的制作

【Step 10】录制完后,选择"存储",再选择离开,如图 5-82 所示。

图 5-82　储存录制视频页面

【Step 11】单击 EverCam 录制工具的倒三角图标,选择"汇出其他格式"—"MP4 档案",单击"开始汇出",如图 5-83 所示。

图 5-83　汇出视频

【Step 12】汇出完毕后,在弹出的对话框"请问要观看 MP4 的结果吗?"里选择"是",打开 D 盘根目录,即可看到文件夹"evercam.ecm.mp4",里面的视频文件"media.mp4"即为录制的视频文件,如图 5-84 所示。

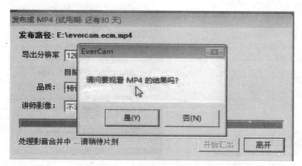

图 5-84　打开视频文件 MP4

二、录制 PPT

【Step 1】打开 PPT 文件 "PPT 设计艺术与攻略.pptx",在菜单栏的最上面即可看到 EverCam 红色录制标志 "Start PPT and Record",同时在菜单栏的最右边也添加了一个选项卡 "EverCam",如图 5-85 所示。

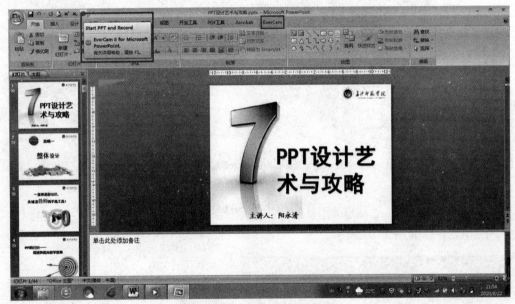

图 5-85　打开 PPT 录制界面

【Step 2】单击红色圆球,进行音量设定。当正常说话时,音量显示为绿色,则表示音量合适;如有红色方格出现,则需要将音量调小一点;然后单击"开始录影",如图 5-86 所示。

【Step 3】PPT 播放即录制正式开始。PPT 播放完成后录制自动退出。如只需录制部分 PPT,则播放完需录制的 PPT 页面后按键盘上的 [Esc] 键退出,系统在 PPT 所在的同一目录下自动生成录制文件 "PPT 设计艺术与攻略.ecm",如图 5-87 所示。

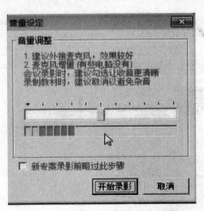
图 5-86　设定音量并开始录影

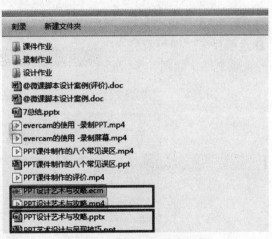
图 5-87　自动生成录制文件

项目 5 微课的制作

【Step 4】单击菜单"EverCam"→"编辑"即进入编辑界面,如图 5-88 所示。编辑操作与录制屏幕的操作一样,此处不再赘述。

图 5-88 EverCam 操作菜单

任务 7 快速添加 SRT 字幕

任务目标

掌握使用网易见外平台和格式工厂快速生成 SRT 字幕的方法,为微课视频快速添加字幕。

任务实施

一、用网易见外平台生成 SRT 字幕

【Step 1】在浏览器地址栏输入网易见外平台网址(https://jianwai.netease.com/),出现如图 5-89 所示的界面。

【Step 2】登录网易见外平台账号,进入平台界面;如果没有账号,则需要单击登录界面右下角的"去注册"按钮注册一个网易邮箱,如图 5-90 所示。

图 5-89 网易见外平台登录界面

图 5-90 网易见外平台主界面

【Step 3】单击"新建项目",进入项目类型选择界面。如果需要生成中文字幕,则选择"视频转写";如果需要生成中英文字幕,则选择"视频翻译",如图5-91所示。

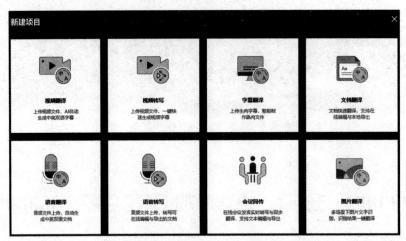

图5-91 网易见外平台项目类型

【Step 4】以"视频转写"为例,完成填写项目名称、上传视频文件、选择文件语言等操作步骤;单击"提交"按钮,开始导入视频,如图5-92所示。

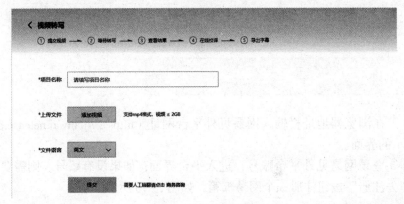

图5-92 视频转写

【Step 5】进入字幕内容编辑界面,一边看微课视频,一边看字幕内容,如果发现字幕转化错误,可以双击左键点开字幕,更正为正确内容即可。该平台支持批量处理,可进行语气词过滤、词汇替换、字数阈值设置等操作,如图5-93所示。

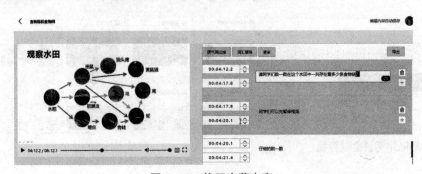

图5-93 修正字幕内容

项目 5　微课的制作

【Step 6】字幕编辑完成后，单击"导出"按钮，可以看到自动命名的 CHS 项目名称的 SRT 字幕文件；选择保存路径"D:\项目 5"，单击"下载"，将文件保存到计算机，如图 5-94 所示。

图 5-94　保存字幕文件

二、使用格式工厂将 SRT 字幕嵌入微课视频

【Step 1】打开格式工厂软件，进入格式转换页面，如图 5-95 所示。

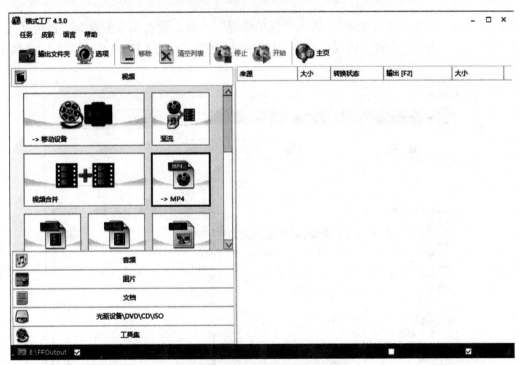

图 5-95　格式工厂视频转换界面

【Step 2】选择与微课视频一致的视频格式。以 MP4 为例，单击 MP4 进入后，选择"添加文件"按钮，将需要添加字幕的视频导入，将输出文件夹设置为"输出到源文件目录"，以便查找导出后的微课视频，如图 5-96 所示。

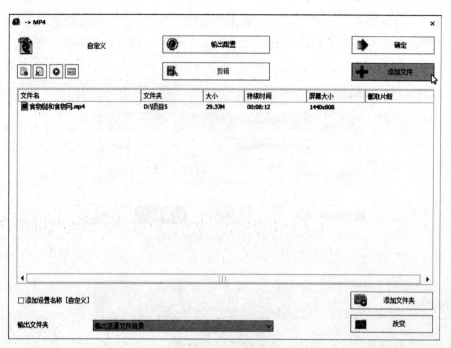

图 5-96　格式工厂输出配置设置

【Step 3】单击"输出配置",进入"视频设置"界面,设置预设配置为"自定义",对下方的配置进一步设置参数,将视频流中的视频编码设为"AVC(H264)",如图 5-97 所示。

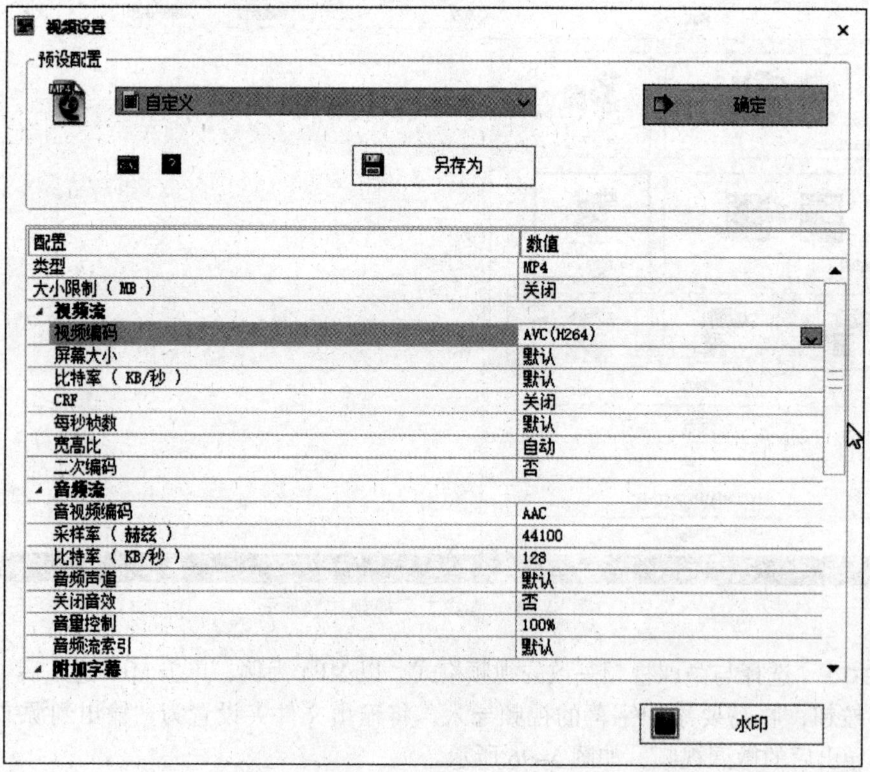

图 5-97　视频编码设置

项目 5　微课的制作

【Step 4】在附加字幕（srt、ass、ssa、idx）位置导入"SRT 字幕文件"，将字幕字体大小设为"2-Small"，将字体颜色设为"F5F5F5"，将字体边框颜色设为"000000"，如图 5-98 所示。

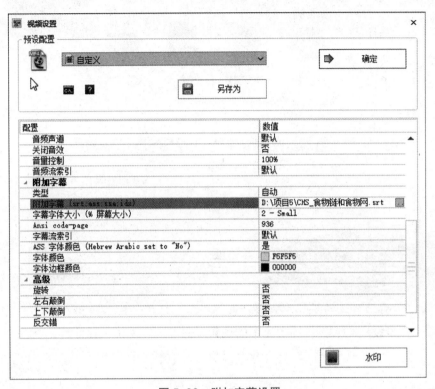

图 5-98　附加字幕设置

【Step 5】完成配置后，单击"确定"按钮，进入格式工厂首页，单击"开始"按钮，字幕文件将开始嵌入微课视频中，开始转换任务，如图 5-99 所示。

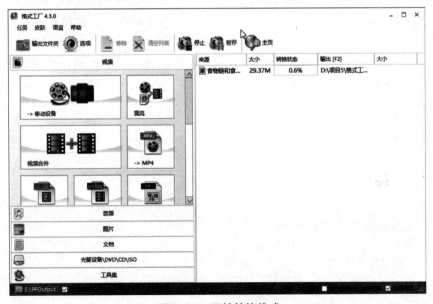

图 5-99　开始转换格式

【Step 6】当转换状态出现"完成"时,可以在输出路径双击鼠标左键,系统会打开已添加字幕的微课视频,至此,"快速添加 SRT 字幕"任务完成,如图 5-100 所示。

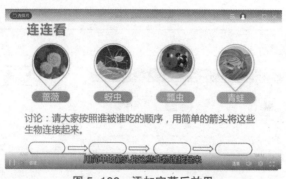

图 5-100　添加字幕后效果

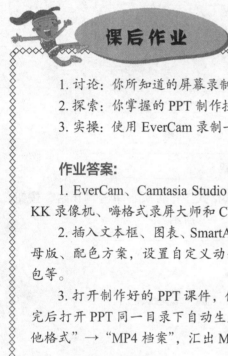

课后作业

1. 讨论:你所知道的屏幕录制软件有哪些?
2. 探索:你掌握的 PPT 制作技术有哪些?
3. 实操:使用 EverCam 录制一个 10 min 内的微课,并添加 SRT 字幕。

作业答案:

1. EverCam、Camtasia Studio、EV 录屏、Snagit、Cyberlink YouCam、录屏大师、KK 录像机、嗨格式录屏大师和 CYY 屏幕录像助手等。

2. 插入文本框、图表、SmartArt、艺术字、音频、视频、FLASH 动画,设计模板、母版、配色方案,设置自定义动画、幻灯片切换、放映方式、排练计时、幻灯片打包等。

3. 打开制作好的 PPT 课件,使用 EverCam 的录制 PPT 功能进行微课录制,录制完后打开 PPT 同一目录下自动生成的 ecm 格式的录制文件进行编辑,通过"汇出其他格式"→"MP4 档案",汇出 MP4 视频文件。

项目6 制作微课的综合实践

学习重点： 撰写教学目标、设置教学环节、梳理解说词、制作和美化PPT课件、录制微课、撰写创作心得

学习难点： 撰写教学目标、梳理解说词、美化PPT课件

学习目标： 根据自己的学科方向和爱好选择小学语文、数学、科学、英语4个学科微课知识点中的一个或者多个进行学习，学会不同学科的微课教学设计、PPT课件的制作、微课录制等微课制作关键步骤，掌握不同学科微课的制作要领

学习方法： 项目驱动法、混合学习法

学习课时： 6

知识结构：

```
任务1  制作守株待兔微课 ─┐         ┌─ 任务3  制作食物链和食物网微课
                        ├─ 制作微课的综合实践 ─┤
任务2  制作长方形的面积微课 ─┘         └─ 任务4  制作Look at me微课
```

任务1 制作守株待兔微课

任务目标

通过学习,掌握小学语文学科微课知识点"守株待兔"的教学设计、PPT 课件制作和微课录制的要领。

任务说明

围绕小学语文"守株待兔"知识点,完成教学设计、课件制作和微课录制任务。

任务实施

一、微课教学设计

【Step 1】填写微课教学设计基础信息,包括微课名称、作者、知识点及知识点来源、教学目标、重难点及突破方法和准备工作,具体信息如表 6-1 所示。

表 6-1 "守株待兔"微课教学设计基础信息

微课名称	守株待兔			作者	胡平
知识点	守株待兔	学科	语文	学段	小学
知识点来源	年级:二年级下　教材版本:　人教版　 章节:寓言故事二则				
教学目标	内容与方法:能正确、流利、有感情地朗读课文。 过程与技能:通过观看视频、梳理故事经过,理解课文内容,感悟故事的寓意。 情感态度与价值观:联系现实生活,懂得对意外收获不要存有侥幸心理的道理				
重难点及突破方法	重难点:理解课文内容,悟出故事的寓意,懂得对意外收获不要存有侥幸心理的道理。 突破方法:1. 主讲人利用视频及图像资料帮助观阅者理解故事内容; 　　　　　2. 主讲人进行适当的引导及适时的提问,以帮助观阅者感悟故事寓意				
准备工作	《守株待兔》动画及图片素材、教学设计、多媒体 PPT 课件、EverCam 软件、录制设备以及安静的录制环境				

【Step 2】进入设计过程。从内容说明、解说词和时长分配等维度进行设计,本微课分为导入新课、分析课题、探究新知、总结提炼和片尾等环节,具体信息如表 6-2 所示。

表 6-2 "守株待兔"微课设计过程

序号	内容说明（要点纲要）	画面（画面上呈现的元素及效果）	解说词（解说旁白，用于配音）	时长分配（画面持续时间）/s
1	导入新课	1. 出现：反映《守株待兔》寓言故事的四张图片。 2. 微课主题：小学语文、人教版二年级下册、《守株待兔》。 3. 出现：《守株待兔》动画视频	同学们，上课啦！首先老师要跟大家玩一个小游戏，让我们一起来看图猜成语：首先，我们可以看到一个农民正在田间耕作；然后，他捡到了一只被树桩撞死的兔子；接着，他把这只兔子带回了家，做成了一顿美味可口的晚餐；最后，他期待着每天都能捡到这样一只兔子，就想着不劳而获。那么这个成语就是我们今天要学的寓言故事——《守株待兔》。 接下来，让我们一起来观看一个小视频，看看它是怎样讲述这个故事的。（播放《守株待兔》视频）	150
2	分析课题	1. 提供一张《守株待兔》的图片，并思考："守株待兔"是什么意思？ 2. "守株待兔"字词解释与整体解释	下面让我们来了解一下课文《守株待兔》的具体含义。首先利用图片独立思考。 再来具体了解"守株待兔"中每个字的含义，"守"为"守着"，"株"为"露出地面的树根"，"待"为"等待"，"兔"自然指"兔子"。所以"守株待兔"的意思是：一个种田人坐在树桩旁等待兔子撞死在他身边	50
3	探究新知	1. 走进课文，显示第1段内容。 2. 显示课文第2段内容，并提问：想一想，乐滋滋的心情应该怎么读出来呢？ 3. 分析讲解，种田人捡到兔子后心里的想法是怎样的？这种想法对吗？ 4. 显示课文第3段内容	接下来，让我们一起走进课文。 首先看到第一段，注意"窜""撞""桩"是需重点掌握的生字。"窜"的动作是怎样的呢？是不是很敏捷迅速呢？所以"窜"字表示兔子跑得非常快，那我们在朗读时可以把"窜"字读得短促急切一些。（教师示范朗读） 下面开始第二段的讲解。首先应看到橙色字体"乐滋滋"，这个词语就表示种田人心情愉悦。那同学们想一想，"乐滋滋"的心情应该怎么读出来呢？下面我们一起试着把种田人"乐滋滋"的心情读出来。（教师示范朗读） 种田人捡到兔子后心里的想法是怎样的？这种想法对吗？在现实生活中是不会天天发生"捡到一只死兔子"这样的事情，这只是一个偶然发生的事情，所以种田人的想法是错误的，因为他把偶然发生的事情当作经常发生的事情了。 接下来看最后一段，注意"此""锄""撞"是需重点掌握的生字。（教师示范朗读）最终种田人的庄稼全都荒废了，这就是一心想着不劳而获的后果	240

续表

序号	内容说明（要点纲要）	画面（画面上呈现的元素及效果）	解说词（解说旁白，用于配音）	时长分配（画面持续时间）/s
4	总结提炼	1. 展示4张图片，梳理《守株待兔》故事。 2. 感悟故事寓意	让我们借助图片来梳理一下故事情节。（教师依次讲解图片内容） 同学们，你们在这则故事中学到了什么？ 世界上没有不劳而获的事情，对于偶然得到的东西，我们不应该抱有侥幸心理。只有踏踏实实做事，通过自己的辛勤劳动，才会取得收获	77
5	片尾	谢谢观赏！	好的，谢谢同学们的观赏！	5

二、微课课件制作

微课课件制作是根据微课教学设计方案完成的，主要落实"画面"部分的内容，课件制作步骤如下。

【Step 1】导入页。展示四张图片，猜一猜成语，如图6-1所示。

【Step 2】主题页。展示学科、教材版本和微课主题，如图6-2所示。

图6-1 看图猜成语

图6-2 主题信息页

【Step 3】《守株待兔》动画视频播放页，如图6-3所示。

【Step 4】"守株待兔"含义提问页，如图6-4所示。

图6-3 《守株待兔》动画视频

图6-4 "守株待兔"含义提问

【Step 5】"守株待兔"字词及成语解释页,如图6-5所示。
【Step 6】课文第一段展示页,如图6-6所示。

图6-5 "守株待兔"含义解释

图6-6 课文第一段

【Step 7】课文第二段展示页,如图6-7所示。
【Step 8】农夫思想引发思考页,如图6-8所示。

图6-7 课文第二段

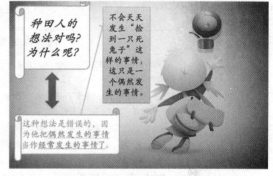

图6-8 农夫思想引发了思考

【Step 9】课文第三段展示页,如图6-9所示。
【Step 10】梳理故事情节页,如图6-10所示。

图6-9 课文第三段

图6-10 梳理故事情节

【Step 11】故事总结页。感悟故事寓意,如图6-11所示。
【Step 12】片尾页,如图6-12所示。

图 6-11 故事总结

图 6-12 片尾

【Step 1】整理解说词，将《守株待兔》教学设计中的解说词整理成 Word 文档，并将解说词与 PPT 页面一一对应起来，将文档打印成纸质稿备用，如图 6-13 所示。

《守株待兔》解说词

PPT1：同学们，上课啦！首先老师要跟大家玩一个小游戏，让我们一起来看图猜成语：首先，我们可以看到一个农民正在田间耕作；然后，他捡到了一只被树桩撞死的兔子；接着，他把这只兔子带回了家，做成了一顿美味可口的晚餐；最后，他期待着每天都能捡到一只兔子，就想着不劳而获。

PPT2：那么这个成语就是我们今天要学的寓言故事——《守株待兔》。

PPT3：接下来，让我们一起来观看一个小视频，看看它是怎样讲述这个故事的。（播放《守株待兔》视频）

PPT4：下面让我们来了解一下课文《守株待兔》的具体含义。首先利用图片独立思考。

PPT5：再来具体了解"守株待兔"中每个字的含义。"守"为"守着"，"株"为"露出地面的树根"，"待"为"等待"，"兔"自然指"兔子"。所以"守株待兔"的意思是：一个种田人坐在树桩旁等待兔子撞死在他身边。

PPT6：接下来，让我们一起走进课文。
首先看到第一段，注意"窜""撞""桩"是需重点掌握的生字。"窜"的动作是怎样的呢？是不是很敏捷迅速呢？所以"窜"字表示兔子跑得非常快，那我们在朗读时可以把"窜"字读得短促急切一些。（教师示范朗读）

PPT7：下面开始第二段的讲解。首先应看到橙色字体"乐滋滋"，这个词语就表示种田人心情愉悦。那同学们想一想，"乐滋滋"的心情应该怎么读出来呢？下面我们一起试着把种田人"乐滋滋"的心情读出来。（教师示范朗读）

PPT8：种田人捡到兔子后心里的想法是怎样的？这种想法对吗？在现实生活中是不会天天发生"捡到一只死兔子"这样的事情的，这只是一个偶然发生的事情。所以种田人的想法是错误的，因为他把偶然发生的事情当作经常发生的事情了。

PPT9：接下来看最后一段。注意"此""锄""撞"是需重点掌握的生字。（教师示范朗读）最终种田人的庄稼全都荒废了，这就是一心想着不劳而获的后果。

PPT10：让我们借助图片来梳理一下故事情节。（教师依次讲解图片内容）

PPT11：同学们，你们在这则故事中学到了什么？
世界上没有不劳而获的事情，对于偶然得到的东西，我们不应该抱有侥幸心理，只有踏踏实实做事，通过自己的辛勤劳动，才会取得收获。

PPT12：好的，谢谢同学们的观赏。

图 6-13 《守株待兔》解说词

项目 6 制作微课的综合实践

【Step 2】打开"守株待兔"PPT 课件,单击左上角的红色按钮,启动 EverCam 软件,连接准备好的专业耳机,进入音量调节界面,完成录制准备,如图 6-14 所示。

图 6-14 录制准备

【Step 3】进入录制阶段。一手拿着解说词,一手操作鼠标翻阅课件,根据 PPT 页面内容,讲解解说词,完成微课录制工作。如果中途遇到读错或者操作失误的情况,则直接按照正确的操作继续录制,不必从第一页重新开始,因为后期可以编辑处理,如图 6-15 所示。

图 6-15 录制过程

【Step 4】进入微课编辑阶段。将多余的、重复的视频片段删除，裁头去尾，完成微课的编辑工作；预览一遍后，汇出视频，格式是 MP4，如图 6-16 所示。

图 6-16　汇出视频

创作心得

1. 选题依据

本次微课创作灵感来源于一次师范生见习活动。我观看了一堂关于《守株待兔》课文教学的教研课，课堂氛围很活跃，学生都乐于参与其中。当时我正在进行"现代教育技术"课程的学习，于是，我开始思考《守株待兔》的微课教学该怎样进行。

微课与传统教学模式相比有着独特的优势。微课有着短、小、精、撼、便的特点，一节视频公开课或精品课程可能长达三四十分钟，而微课没有了学生提问和老师反馈的环节，课时可大大缩减。学生也可以多次观看微课视频，微课便于学生复习，也利于传播。

2. 微课框架

本堂微课框架分为四个部分：①游戏导入，通过"看图猜成语"游戏导入课题；②分享视频，初品故事内容；③走进课文，朗读感悟及课文讲解；④联系生活实际，感悟寓意。

3. 微课创新

本堂微课结合二年级学生的学习情况进行教学，通过小游戏和动画视频激发学生的求知兴趣。为吸引学生的注意力，课件设计得形象活泼且色彩鲜明；教学联系生活实际，旨在让学生懂得对意外收获不要存有侥幸心理。

任务 2　制作长方形的面积微课

任务目标

通过学习，掌握小学数学学科微课知识点"长方形的面积"的教学设计、PPT 课件制作和微课录制的要领。

任务说明

围绕小学数学"长方形的面积"知识点，完成教学设计、课件制作和微课录制任务。

任务实施

一、微课教学设计

【Step 1】填写微课教学设计基础信息，包括微课名称、作者、知识点、知识点来源、教学目标、重难点及突破方法和准备工作。具体信息如表 6-3 所示。

表 6-3　"长方形的面积"微课教学设计基础信息

微课名称	长方形的面积				作者	柳容洲
知识点	长方形的面积	学科	数学	学段	小学	
知识点来源	年级：三年级下 章节：6.面积	教材版本：人教版				
教学目标	知识与技能：使学生理解长方形面积与长和宽之间的密切关系，理解面积公式的由来，掌握面积的计算方法；通过公式的推导，培养学生动手操作实践、与人合作协调以及迁移、类推能力和抽象概括能力。 过程与方法：在分组实验这一探究发现的过程中，学生通过自己动手和动脑，并经过启发、讨论和独立思考、主动参与、积极探究，获得了长方形面积的计算方法，学生的认识水平、实践能力和创新意识也从中得到了培养。 情感态度与价值观：让学生在实验、实际操作中体验学习的乐趣，并通过实际应用的练习，将课内外的知识有机结合，培养学生学以致用的应用意识和创新意识					
重难点及突破方法	重难点：探究并掌握长方形的面积公式。 突破方法：实验推导					
准备工作	教学设计，多媒体 PPT 课件，解说词，EverCam 软件，录制设备，安静的录制环境，长 5 cm、宽 3 cm 的长方形纸板，1 cm^2 的正方形若干					

【Step 2】进入设计过程，从内容说明、画面、解说词、时长分配等维度进行设计，本微课分为片头、课堂导入、新授知识、总结提炼、课后探究和片尾等环节。具体信息如表 6-4 所示。

表 6–4　长方形的面积微课设计过程

序号	内容说明（要点纲要）	画面（画面上呈现的元素及效果）	解说词（解说旁白，用于配音）	时长分配（画面持续时间）/s
1	片头	长方形的面积	同学们大家好，今天我们学习长方形的面积	8
2	课堂导入	请同学们大胆猜测：长方形的面积和什么有关系？	上节课我们学习了有关面积的知识，常用的面积单位有平方厘米、平方分米、平方米，面积单位是用来测量面积的。今天我们来学习长方形面积的计算。请大家准备一块长 5 厘米、宽 3 厘米的长方形纸板和 1 平方厘米的正方形若干，并请大家思考这个问题：长方形的面积和什么有关系呢？可以和长有关，也可以和宽有关，也可以和长、宽都有关	64
3	新授知识	1. 看一看、动一动，用摆小正方形的方法，求出左边图形的面积是多少。 2. 题目：一个长 5 厘米、宽 3 厘米的长方形纸板，它的面积是多少平方厘米？ 3. 怎样列式计算？5×3=15，长×宽=面积。 4. 摆一摆、填一填，根据要求填表，并用小正方形摆好。 5. 结论：长方形面积=长×宽	那么你们的猜测是否正确呢？现在就请同学们带上老师温馨的提示踏上探究之旅。 1. 同学们准备的边长为 1 厘米的小正方形，它的单位面积是 1 平方厘米。用摆小正方形的方法摆出长 4 厘米、宽 2 厘米的长方形，观察可以数出由 8 个小正方形组成，也就是说它的面积占 8 平方厘米。现在我们可以看到，小的图形可以用摆正方形的方法求出面积，但如果要求一个篮球场、足球场或更大的长方形的面积，那么摆正方形的方法就不合适了。不合适的话，我们该用什么方法去测量它的面积呢？这就是我们今天要学习的主要内容，长方形的面积计算公式。我们现在就开始来一起研究长方形面积的计算公式。 2. 请大家用这些面积为 1 平方厘米的小正方形贴满长 5 厘米、宽 3 厘米的长方形纸板，我们可以看出纸板长 5 厘米，沿着长边一排可以摆 5 个 1 平方厘米的正方形；纸板宽 3 厘米，沿着宽边可以摆 3 个 1 平方厘米的正方形，也就是说可以摆 3 排。 3. 这个长方形摆了 3 排正方形，每排 5 个，一共摆了 15 个 1 平方厘米的正方形，也就是说长方形的面积是 15 平方厘米。那么我们可以看到，这个长方形的面积与它的长和宽有什么关系呢？如果列出算式为 5×3=15（平方厘米），那么其中的 5 是它的长，3 是它的宽，而 15 则是由 15 个小正方形算出的面积。相信大家可以猜出长方形的面积与长和宽之间的关系了，但探究一次还不足以完全证明，我们接着再来探索。 4. 这里有一张表，旁边有几幅长方形的图，接下来我们依次将数据填进去。现在表格填好了，可以发现每排小正方形的个数就是它的长，排数就是它的宽，而它的面积就是它的长与宽相乘的积。 5. 因此我们可以得出结论，长方形的面积计算公式是长乘以宽	274

续表

序号	内容说明（要点纲要）	画面（画面上呈现的元素及效果）	解说词（解说旁白，用于配音）	时长分配（画面持续时间）/s
4	总结提炼	1. 我的收获，长方形面积公式。 2. 讲桌的桌面是一个长方形，它的长是14分米，宽是8分米，我想给这张讲桌配一块玻璃，需要买多大的玻璃板呢？解答玻璃板面积。 3. 求这个篮球场的面积是多少平方米？ 4. 解答篮球场面积。 5. 一块长方形手帕宽10厘米，它的面积为200平方厘米，那么它的长是多少厘米呢？ 6. 解答手帕的长是多少厘米	1. 好了，我们现在可以得到这节课研究出的结论了。长方形的面积计算公式是长乘以宽。大家一定要记住这个计算公式。 　　既然我们得出了更加简便的计算长方形面积的方法，那我们在不能用摆小正方形这种方法的时候，如何运用面积公式计算解决问题呢？ 2. 在日常生活中，有很多类似于长方形和正方形的物体，比如教室的门、你们的桌子和凳子、电视机屏幕、眼前的黑板、讲台桌面等。总之，长方形在我们的生活中十分常见。那么，现在我们可以看到，讲桌的桌面是一个长方形，测量得到了它的长是14分米，宽是8分米，如果我想给这张讲桌配一块玻璃，需要买多大的玻璃板呢？运用长方形的计算公式就可以得出。记得写"答"。 3. 来到室外，看看我们的篮球场，它长26米，宽14米，那么我们的篮球场的面积是多少平方米呢？ 4. 26×14=364（平方米） 答：这个篮球场的面积是364平方米。 5. 一块长方形手帕宽10厘米，它的面积为200平方厘米，那么它的长是多少厘米呢？ 6. 200÷10=20（厘米） 答：它的长为20厘米	278
5	课后探究	一个正方形的面积如何计算呢？一个三角形的面积是怎么得来的呢？	看来大家都掌握得差不多了。那么，老师想请大家在课后想一想，一个正方形的面积如何计算呢？一个三角形的面积是怎么得来的呢？这些问题，如果大家有兴趣的话，都可以在课后进行思考和研究。 　　今天的这节课，相信大家都有收获，希望我们能好好地利用长方形的面积计算公式，去解决生活中的问题	20
6	片尾	谢谢观赏！	希望大家课后加强练习，巩固知识点。今天的课就上到这里，谢谢大家！	6

二、微课课件制作

　　微课课件制作是根据微课教学设计方案完成的，主要落实"画面"部分的内容。课件制作步骤如下。

【Step 1】片头页。显示学科、教材版本和微课标题信息，如图 6-17 所示。

图 6-17　片头

【Step 2】导入新课页。显示问题：长方形的面积和什么有关系？如图 6-18 所示。

图 6-18　导入新课

【Step 3】看一看、动一动，使用小正方形，求长方形的面积，如图 6-19 所示。

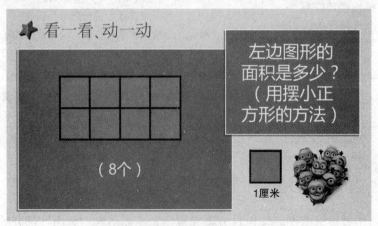

图 6-19　用小正方形求长方形的面积

项目 6 制作微课的综合实践

【Step 4】使用摆小正方形的方法，求长方形纸板面积，如图 6-20 所示。

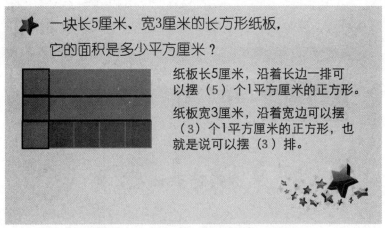

图 6-20 通过摆小正方形求长方形的面积

【Step 5】在原有基础上，列式计算，如图 6-21 所示。

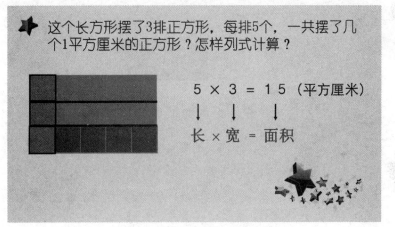

图 6-21 列式计算长方形的面积

【Step 6】摆一摆、填一填，填写表格并用小正方形摆好，如图 6-22 所示。

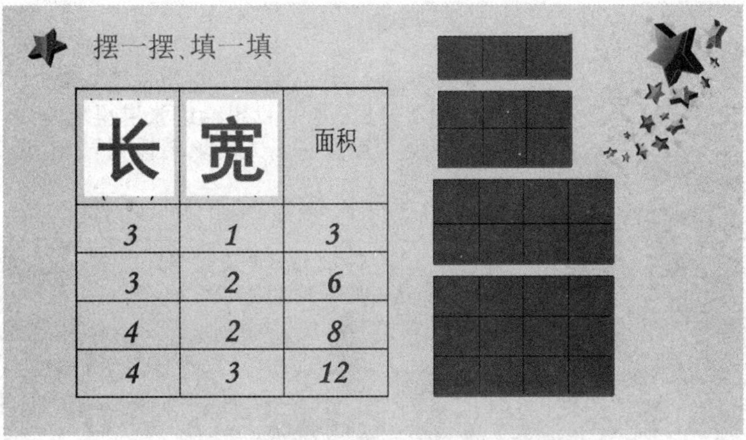

长	宽	面积
3	1	3
3	2	6
4	2	8
4	3	12

图 6-22 填写表格并用小正方形摆好

【Step 7】得出结论。长方形面积 = 长 × 宽,如图 6-23 所示。

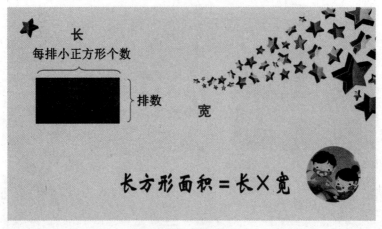

图 6-23　得出结论

【Step 8】我的收获。强调长方形面积公式,如图 6-24 所示。

图 6-24　我的收获

【Step 9】应用题。求覆盖桌子玻璃的面积,并解答,如图 6-25 所示。

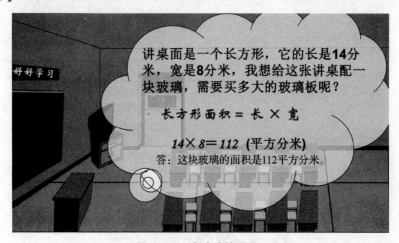

图 6-25　求玻璃的面积

项目 6　制作微课的综合实践

【Step 10】应用题。求篮球场面积，如图 6-26 所示。

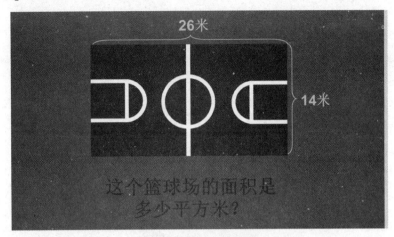

图 6-26　求篮球场面积

【Step 11】解答篮球场面积，如图 6-27 所示。

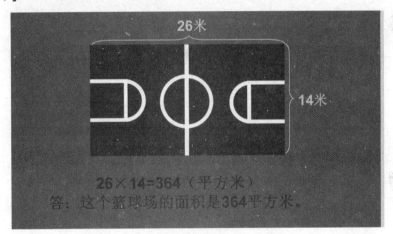

图 6-27　解答篮球场面积

【Step 12】应用题。已知长方形手帕的面积和宽，求长，如图 6-28 所示。

图 6-28　求手帕的长

【Step 13】解答长方形手帕的长,如图 6-29 所示。

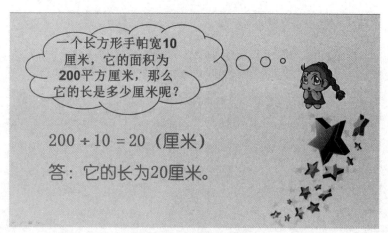

图 6-29　解答手帕的长

【Step 14】课后探究。由长方形延伸到正方形、三角形的面积,如图 6-30 所示。

图 6-30　课后探究

【Step 15】片尾页。显示"谢谢观赏",结束微课,如图 6-31 所示。

图 6-31　片尾

三、微课录制

【Step 1】整理解说词，将长方形的面积教学设计中的解说词整理成 Word 文档，并将解说词与 PPT 页面一一对应起来，将文档打印成纸质稿备用，如图 6–32 所示。

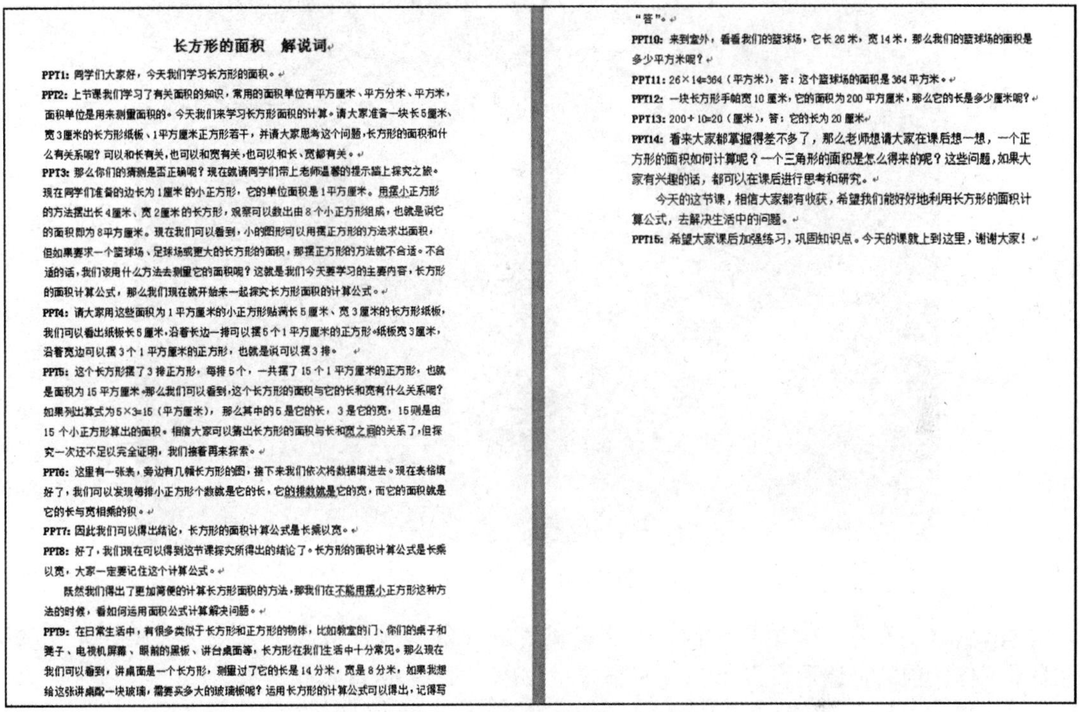

长方形的面积　解说词

PPT1：同学们大家好，今天我们学习长方形的面积。

PPT2：上节课我们学习了有关面积的知识，常用的面积单位有平方厘米、平方分米、平方米，面积单位是用来测量面积的。今天我们来学习长方形面积的计算。请大家准备一块长5厘米、宽3厘米的长方形纸板、1平方厘米正方形若干，并请大家思考这个问题，长方形的面积和什么有关系呢？可以和长有关，也可以和宽有关，也可以和长、宽都有关。

PPT3：那么你们的猜测是否正确呢？现在就请同学们带上老师温馨的提示踏上探究之旅。现在同学们准备的边长为1厘米的小正方形，它的单位面积是1平方厘米。用摆小正方形的方法摆出长4厘米、宽2厘米的长方形，观察可以数出由8个小正方形组成，也就是说它的面积即为8平方厘米。现在我们可以看到，小的图形可以用摆正方形的方法求出面积，但如果要求一个篮球场、足球场或更大的长方形的面积，那摆正方形的方法就不合适。不合适的话，我们该用什么方法去测量它的面积呢？这就是我们今天要学习的主要内容，长方形的面积计算公式，那么我们现在就开始来一起探究长方形面积的计算公式。

PPT4：请大家用这些面积为1平方厘米的小正方形贴满长5厘米、宽3厘米的长方形纸板，我们可以看出纸板长5厘米，沿着长边一排可以摆5个1平方厘米的正方形。纸板宽3厘米，沿着宽边可以摆3个1平方厘米的正方形，也就是说可以摆3排。

PPT5：这个长方形摆了3排正方形，每排5个，一共摆了15个1平方厘米的正方形，也就是面积为15平方厘米。那么我们可以看到，这个长方形的面积与它的长和宽有什么关系呢？如果列出算式为5×3=15（平方厘米），那么其中的5是它的长，3是它的宽，15则是由15个小正方形算出的面积。相信大家可以猜出长方形的面积与长和宽之间的关系了，但探究一次还不足以完全证明，我们接着再来探索。

PPT6：这里有一张表，旁边有几幅长方形的图，接下来我们依次将数据填进去。现在表格填好了，我们可以发现每排小正方形个数就是它的长，它的排数就是它的宽，而它的面积就是它的长与宽相乘的积。

PPT7：因此我们可以得出结论，长方形的面积计算公式是长乘以宽。

PPT8：好了，我们现在可以得到这节课探究所得出的结论了。长方形的面积计算公式是长乘以宽，大家一定要记住这个计算公式。

既然我们得出了更加简便的计算长方形面积的方法，那我们在不能用摆小正方形这种方法的时候，看如何运用面积公式计算解决问题。

PPT9：在日常生活中，有很多类似于长方形和正方形的物体，比如教室的门、你们的桌子和凳子、电视机屏幕、眼前的黑板、讲台桌面等，长方形在我们生活中十分常见。那么现在我们可以看到，讲桌面是一个长方形，测量过了它的长是14分米，宽是8分米，如果我想给这张讲桌配一块玻璃，需要买多大的玻璃板呢？运用长方形的计算公式可以得出，记得写"答"。

PPT10：来到室外，看看我们的篮球场，它长26米，宽14米，那么我们的篮球场的面积是多少平方米呢？

PPT11：26×14=364（平方米），答：这个篮球场的面积是364平方米。

PPT12：一块长方形手帕宽10厘米，它的面积为200平方厘米，那么它的长是多少厘米呢？

PPT13：200÷10=20（厘米），答：它的长为20厘米

PPT14：看来大家都掌握得差不多了，那么老师想请大家在课后想一想，一个正方形的面积如何计算呢？一个三角形的面积是怎么得来的呢？这些问题，如果大家有兴趣的话，都可以在课后进行思考和研究。

今天的这节课，相信大家都有收获，希望我们能好好地利用长方形的面积计算公式，去解决生活中的问题。

PPT15：希望大家课后加强练习，巩固知识点。今天的课就上到这里，谢谢大家！

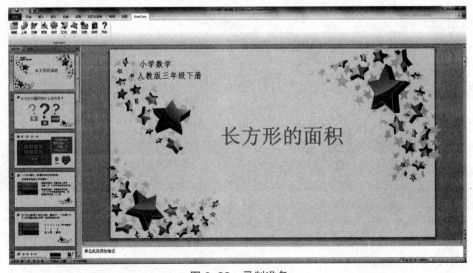

图 6–32　长方形的面积解说词

【Step 2】打开长方形的面积 PPT 课件，单击左上角的红色按钮，启动 EverCam 软件，连接好准备的专业耳机，进入音量调节界面，完成录制准备，如图 6–33 所示。

图 6–33　录制准备

【Step 3】进入录屏阶段,一手拿着解说词,一手操作鼠标翻阅课件,根据 PPT 页面内容,讲解解说词,完成微课录制工作。如果中途遇到读错或者操作失误的情况,则直接按照正确的操作继续录制,不必从第一页重新开始,因为后期可以编辑处理,如图 6-34 所示。

图 6-34 录制过程

【Step 4】进入微课编辑阶段,将多余的、重复的视频片段删除,裁头去尾,完成微课的编辑工作;预览一遍后,汇出视频,格式是 MP4,如图 6-35 所示。

图 6-35 汇出视频

项目6 制作微课的综合实践

1. 选题依据

本节课内容是在学生认识了长方形的特征、已经掌握了"面积"的含义和面积单位、对面积单位有了较深的认识并且学会了运用面积公式直接度量面积的基础上进行教学的。长方形的面积计算是学生第一次学习平面图形的面积计算,而它又是学习其他平面图形面积计算公式的基础,提供了度量和计算面积的基本道理和方法。因此,本课具有承前启后的作用。另外,在日常生活中也经常使用到长方形面积计算公式,便于将其应用到实际生活中去。

2. 作品特色

(1)遵循直观性原则,采取了使用直观材料的方法。结合微课视频,采取视、听、讲结合法引导学生直观感受抽象概念。视频色彩鲜明独特,可以引起学生的兴趣。

(2)作品以"学生自主探究、教师口头指导、最后得出结论"的形式,让学生在实验、实际操作中体验学习的乐趣。

(3)通过实际应用的练习,将课内外的知识有机结合,培养学生学以致用的应用意识和创新意识。

3. 作品重难点突破过程

长方形的面积是小学数学教材人教版三年级下册的一个课时内容。本节课如果仅仅满足于让学生知道长方形的面积计算公式,会运用面积公式计算长方形的面积,那么即使学生已经知道了计算方法,也不一定是真正理解了,特别是空间观念的培养还是远远不够的。本课是在理解面积含义的基础上,通过实验推导来充分展示知识的形成过程,让学生在主动参与长方形面积计算公式的推导过程中,培养观察能力,分析、推理能力和创造能力。所以让学生通过动手实践,理解、掌握长方形面积的计算方法是本节课的重点,而理解长方形面积计算公式的推导过程是本节课的教学难点。为了突破难点,长方形面积公式的得出采用让学生从动手拼摆、列表观察,到只摆邻边,到最后不用拼摆就分析推导出计算公式的方法进行。通过这样的自主探究过程来激发学生学习数学的兴趣,诱发其内在的学习动机,促使其形成积极、主动、创造性的思维。教学过程如图 6-36 所示。

图 6-36 长方形的面积教学过程

任务3 制作食物链和食物网微课

通过学习,掌握小学科学知识点"食物链和食物网"微课教学设计、微课课件制作和录制的要领。

任务说明

围绕小学科学"食物链与食物网"知识点,完成教学设计、课件制作和微课录制任务。

任务实施

【Step 1】填写微课教学设计基础信息,包括微课名称、作者、知识点、知识点来源、教学目标、重难点及突破方法和准备工作。具体信息如表6-5所示。

表6-5 "食物链和食物网"微课教学设计基础信息

微课名称	食物链和食物网			作者	宋冰冰
知识点	食物链和食物网	学科	科学	学段	小学
知识点来源	年级: 五年级上　　教材版本: 教科版 章节: 第一章 生物与环境 第五节				
教学目标	知识与技能:学会正确使用食物链、生产者、消费者、食物网等词语描述生物之间的食物联系,根据自己的经验写出简单的食物链。 过程与方法:通过画、找食物链,认识食物网,意识到食物网反映了动植物之间复杂的食物能量交换关系。 情感态度与价值观:了解食物链被破坏带来的影响,树立珍爱生命、保护环境的意识				
重难点及突破方法	重难点:建立生态系统中的食物链、生产者、消费者、食物网的概念,会写简单的食物链;寻找食物链,形成"生物与生物之间是相互关联的一个整体"的认识,培养对生态环境的保护意识。 突破方法:以水田生态系统为例,引导学生找出食物链,进而强化学生对食物链和食物网等概念的理解;以水田中的田鼠灭绝会引发生态失衡为出发点,让学生知道生物与生物之间是相互关联的一个整体,同时培养学生对生态环境的保护意识				
准备工作	常见动植物图片、《人与自然》视频、多媒体课件、教学设计、分镜头脚本、录制软件、话筒以及安静的录制环境				

【Step 2】进入设计过程,从内容说明、解说词、时长分配等维度进行设计,本微课分为片头、课堂导入、新授知识、加强巩固和片尾等环节。具体信息如表6-6所示。

表6-6 "食物链和食物网"微课设计过程

序号	内容说明	画面	解说词 (解说旁白,用于配音)	时长分配/s
1	片头	食物链和食物网	同学们好!在今天的课程学习开始之前我们先来看一段《人与自然》的视频	8

续表

序号	内容说明	画面	解说词 （解说旁白，用于配音）	时长分配/s
2	课堂导入	1. 提出问题，启发思考，播放《人与自然》视频。 2. 出现：草→羚羊→猎豹。 3. 出现：食物链和食物网	在观看视频之前老师有两个问题：视频中出现了哪几种生物？这些生物之间存在着怎样的吃与被吃的关系呢？请同学们带着这两个问题仔细地观看视频，寻找答案。 回到老师刚刚提出的这两个问题：视频中出现了哪几种生物？视频中出现了草、羚羊、猎豹三种生物。这些生物之间又存在着怎样的吃与被吃的关系呢？草被羚羊吃，羚羊被猎豹吃。我们通常把生物之间这种吃与被吃的关系叫作食物关系。 今天我们要学习的就是由生物之间这种奇妙的食物关系所形成的食物链和食物网	107
3	新授知识	1. 出现：蔷薇、蚜虫、瓢虫、小鸟。 蔷薇→蚜虫→瓢虫→小鸟。 2. 出现：食物链：生物之间这种像链环一样的食物关系。 3. 出现：生产者概念。 动画：草和蔷薇下面对应出现生产者。 4. 出现：消费者概念。 动画：羚羊、猎豹、蚜虫、瓢虫、小鸟下面对应出现消费者。 生产者和消费者之间出现箭头。 5. 小结： ①必须从生产者（通常是绿色植物）开始； ②"→"表示物质和能量的流动方向（被捕食者→捕食者）； ③食物链表示的是生产者与消费者的关系（二者缺一不可）	接下来，老师给出四种生物，请同学们按照谁被谁吃的顺序，用简单的箭头将这些生物连接起来。同学们可以先暂停视频，在你的练习本上画一画。 我们一起来看一下：蔷薇会被蚜虫吃，蚜虫被瓢虫吃，瓢虫被青蛙吃。通过这些箭头的连接我们可以看到这四种生物之间形成了像链环一样的结构。 生物之间这种像链环一样的食物关系叫作食物链。 在食物链中存在着生产者和消费者，生产者一般是指能够自己制造食物的生物，通常是绿色植物。 在之前提到的这两条食物链中，草和蔷薇就属于生产者。 消费者是直接或间接消费别人制造的食物的生物，通常是动物。 在这两条食物链中，羚羊、猎豹、蚜虫、瓢虫、青蛙就属于消费者。 通过观察，我们可以发现，在一条食物链中，植物通常作为起始点，也就是说生产者是一条食物链的起点，而在食物链中我们通常用箭头来连接。 现在我们一起来归纳一下在食物链的书写中有哪些需要注意的地方： 第一点，必须从生产者开始，生产者通常是绿色植物； 第二点，箭头就像生物的嘴巴，他表示物质和能量的流动方向，通常是由被捕食者指向捕食者； 第三点，食物链表示的是生产者与消费者之间的关系，二者缺一不可	290

续表

序号	内容说明	画面	解说词 （解说旁白，用于配音）	时长 分配 /s
3	新授知识	6.出现：水稻、稻螟虫、蝗虫、蜘蛛、螳螂、蜻蜓、鸟、蛇、鹰、青蛙、田鼠、黄鼠狼、猫头鹰。 7.各生物间出现相应的箭头： 水稻→田鼠→猫头鹰； 水稻→田鼠→黄鼠狼； 水稻→田鼠→鹰； 水稻→田鼠→蛇； 水稻→稻螟虫→鸟→蛇→鹰； 水稻→蝗虫→青蛙→蛇→鹰。 8.出现：食物网：在一个生态系统中，很多条食物链彼此交错连接，形成一个网状结构。 9.思考：如果左图食物网中的一种生物灭绝了，对其他生物有什么影响呢？ 动画：田鼠画上×。 10.出现：①生态系统中的各种生物相互影响、相互制约；②保护环境的图片	下面我们来观察一块水田，请同学们数一数，在这块水田中一共存在着多少条食物链？同学们可以先暂停视频，仔细地数一数。 刚刚提到生产者是一条食物链的起点，那么在这块水田中，水稻就是食物链的起点。第一条是水稻被田鼠吃，田鼠被猫头鹰吃；第二条是水稻被田鼠吃，田鼠被黄鼠狼吃；第三条是水稻被田鼠吃，田鼠被鹰吃；第四条是水稻被田鼠吃，田鼠被蛇吃；第五条是水稻被稻螟虫吃，稻螟虫被鸟吃，鸟被蛇吃，蛇被鹰吃；第六条是水稻被蝗虫吃，蝗虫被青蛙吃，青蛙被蛇吃，蛇被鹰吃。在这块水田中一共存在六条食物链。我们再仔细观察这些食物链，可以发现，同一种生物可以吃多种生物，同一种生物也会被多种生物吃掉。 这些食物链相互交错就像一张大大的网，在一个生态系统中许多条食物链彼此交错连接形成了一个网状结构，它就被叫作食物网。 请同学们再思考一下，如果水田食物网中的一种生物灭绝了，对其他生物有什么样的影响呢？ 我们先假设这个食物网中的田鼠灭绝了，那么在这个食物网中一共六条食物链，有四条都会发生断裂，猫头鹰、黄鼠狼、鹰和蛇都会失去一部分食物，这样就相当于破坏了整个生态系统的平衡。 在食物网中如果一种生物灭绝了，就会影响其他多种生物的生存，这说明生态系统中的各种生物相互影响、相互制约，我们要保护环境，珍爱生命	290
4	加强巩固	1.练习题：用食物链的方式表达"螳螂捕蝉，黄雀在后"这个成语。 出现：树→蝉→螳螂→黄雀	我们通过一个练习来巩固一下今天所学习的知识：用食物链的方式表达成语"螳螂捕蝉，黄雀在后"。同学们可以先暂停视频，在你的练习本上写一写。 成语"螳螂捕蝉，黄雀在后"的意思是说：螳螂正要捕蝉，不知道黄雀在后面就要吃它。通过分析我们可以知道，在这个成语中一共出现了三种生物，它们分别是蝉、螳螂和黄雀。它们之间的食物关系是蝉被螳螂吃，螳螂被黄雀吃。但是食物链必须从生产者开始，生产者通常是绿色植物，而在这三个生物中没有植物，也就是说没有生产者。我们又知道蝉是以吸取树汁为生的，所以这个成语食物链中的生产者就是树。成语"螳螂捕蝉，黄雀在后"的食物链就是树被蝉吃，蝉被螳螂吃，螳螂被黄雀吃。你做对了吗？	80
5	片尾	谢谢观看！	今天的课就上到这里，谢谢观看！	6

项目 6 制作微课的综合实践

二、微课课件制作

微课课件制作是根据微课教学设计方案完成的,主要落实"画面"部分的内容。课件制作步骤如下。

【Step 1】片头页。显示学科、教材版本和微课标题信息,如图 6-37 所示。

图 6-37 片头

【Step 2】视频导入页。显示标题和视频截图,如图 6-38 所示。
【Step 3】导入问题页。看完视频后,思考 2 个相关问题,如图 6-39 所示。

图 6-38 视频录入 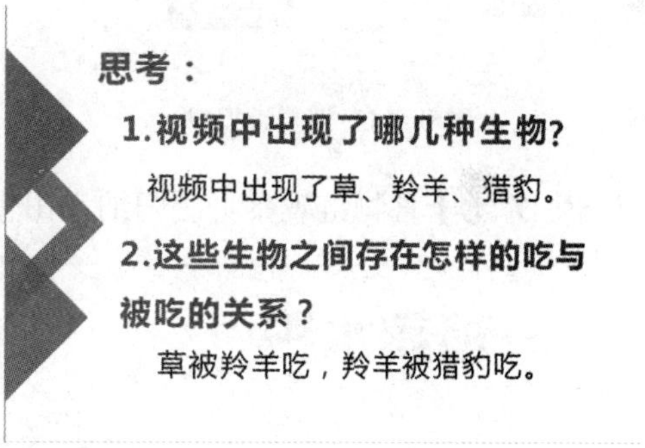　　　　　　　　图 6-39 导入问题

【Step 4】导入主题页。显示主题信息,如图 6-40 所示。
【Step 5】连连看练习页。显示生物关系,如图 6-41 所示。

图 6-40 导入主题

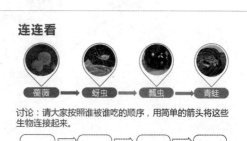

图 6-41 连连看练习

185

【Step 6】食物链概念页。显示食物链概念,如图6-42所示。
【Step 7】生产者概念页。总结归纳,显示生产者在食物链中的位置,如图6-43所示。

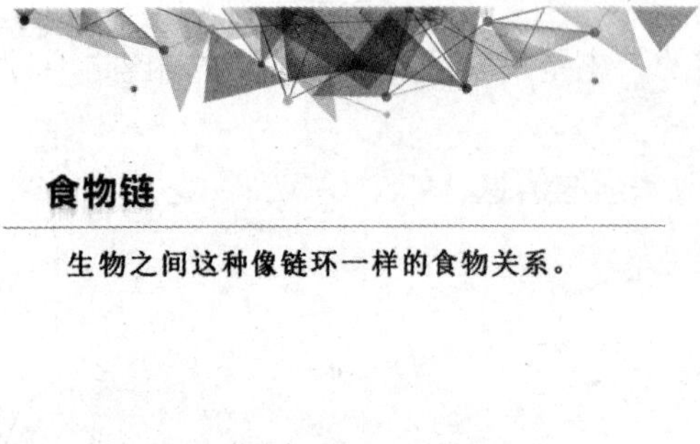

图6-42 食物链概念

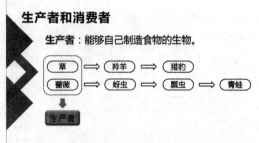

图6-43 生产者概念

【Step 8】消费者概念页。总结归纳,显示消费者在食物链中的位置,如图6-44所示。
【Step 9】书写规范页。总结食物链书写注意事项,如图6-45所示。

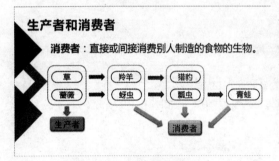

图6-44 消费者概念

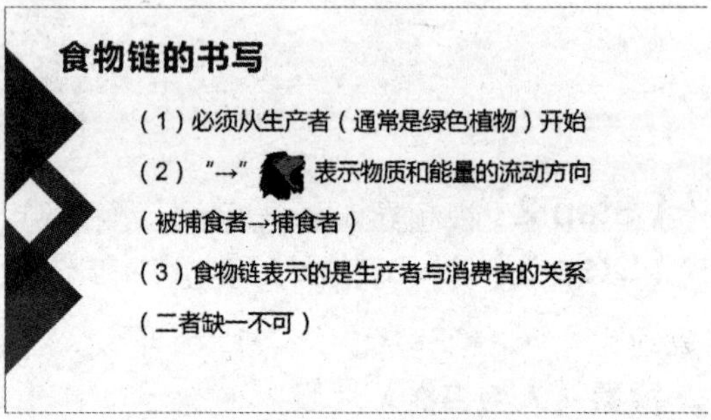

图6-45 书写规范

【Step 10】食物链观察页。归纳水田生态食物链,如图6-46所示。

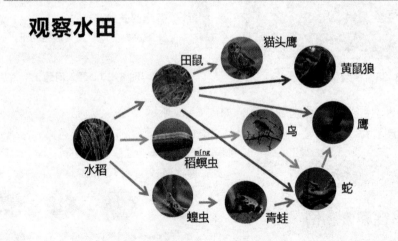

图6-46 食物链观察

【Step 11】食物链列举页。列举出所有食物链，如图6-47所示。

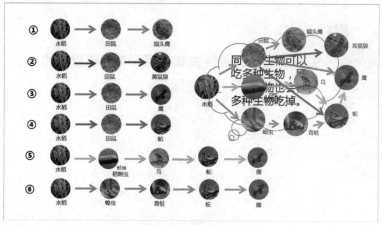

图6-47　食物链列举

【Step 12】食物网概念页。显示食物网概念，如图6-48所示。

图6-48　食物网概念

【Step 13】生态思考页。显示思考生态保护的主题，如图6-49所示。

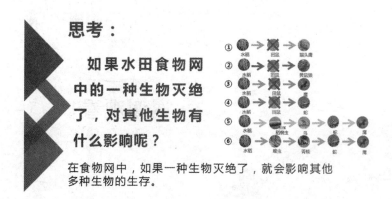

图6-49　生态思考

【Step 14】保护环境页。引导学生保护环境，如图 6-50 所示。

图 6-50　保护环境

【Step 15】练习巩固页。理解成语"螳螂捕蝉，黄雀在后"的科学价值，如图 6-51 所示。

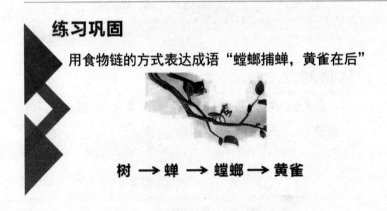

图 6-51　练习巩固

【Step 16】片尾页。结束微课，如图 6-52 所示。

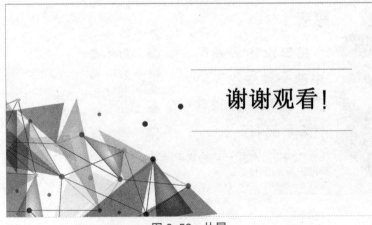

图 6-52　片尾

三、微课录制

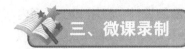

【Step 1】整理解说词，将食物链与食物网教学设计中的解说词整理成 Word 文档，并将解说词与 PPT 页面一一对应起来，将文档打印成纸质稿备用，如图 6–53 所示。

食物链和食物网　解说词

PPT1：同学们好！在今天的课程学习开始之前我们先来看一段《人与自然》的视频。

PPT2：在观看视频之前老师有两个问题：视频中出现了哪几种生物？这些生物之间存在着怎样的吃与被吃的关系呢？请同学们带着这两个问题仔细地观看视频，寻找答案。

PPT3：回到老师刚刚提出的这两个问题：视频中出现了哪几种生物？视频中出现了草、羚羊、猎豹三种生物。这些生物之间又存在着怎样的吃与被吃的关系呢？草被羚羊吃，羚羊被猎豹吃。我们通常把生物之间这种吃与被吃的关系叫作食物关系。

PPT4：今天我们要学习的就是由生物之间这种奇妙的食物关系所形成的食物链和食物网。

PPT5：接下来，老师给出四种生物请同学们按照谁被谁吃的顺序，用简单的箭头将这些生物连接起来，同学们可以先暂停视频，在你的练习本上画一画。

我们一起来看一下：蔷薇会被蚜虫吃，蚜虫被瓢虫吃，瓢虫被青蛙吃。通过这些箭头的连接我们可以看到这四种生物之间形成了像链环一样的结构。

PPT6：生物之间这种像链环一样的食物关系叫作食物链。

PPT7：在食物链中存在着生产者和消费者，生产者一般是指能够自己制造食物的生物，通常是绿色植物。在之前提到的这两条食物链中，草和蔷薇就属于生产者。

PPT8：消费者是直接或间接消费别人制造的食物的生物，通常是动物。在这两条食物链中，羚羊、猎豹、蚜虫、瓢虫、青蛙都属于消费者。通过观察，我们可以发现在一条食物链中植物通常作为起始点，也就是说生产者是一条食物链的起点，而在食物链中我们通常用箭头来连接。

PPT9：现在我们一起来归纳一下在食物链的书写中有哪些需要注意的地方：第一点，必须从生产者开始，生产者通常是绿色植物；第二点，箭头就像生物的嘴巴，他表示物质和能量的流动方向，通常是由被捕食者指向捕食者；第三点，食物链表示的是生产者与消费者之间的关系，二者缺一不可。

PPT10：下面我们来观察一块水田，请同学们数一数在这块水田中一共存在着多少条食物链？同学们可以先暂停视频，仔细地数一数。

PPT11：刚刚提到生产者是一条食物链的起点，那么在这块水田中，水稻就是食物链的起点。第一条是水稻被田鼠吃，田鼠被猫头鹰吃；第二条是水稻被田鼠吃，田鼠被黄鼠狼吃；第三条是水稻被田鼠吃，田鼠被鹰吃；第四条是水稻被田鼠吃，田鼠被蛇吃；第五条是水稻被稻螟虫吃，稻螟虫被鸟吃，鸟被蛇吃，蛇被鹰吃；第六条是水稻被蝗虫吃，蝗虫被青蛙吃。青蛙被蛇吃，蛇被鹰吃；在这块水田中一共存在着六条食物链。我们再仔细观察这些食物链，可以发现，同一种生物可以吃多种生物，同一种生物也会被多种生物吃掉。

PPT12：这些食物链相互交错就像一张大大的网，在一个生态系统中许多条食物链彼此交错连接形成了一个网状结构，它就被叫作食物网。

PPT13：请同学们再思考一下，如果水田食物网中的一种生物灭绝了对其他生物有什么样的影响呢？我们先假设这个食物网中的田鼠灭绝了，那么在这个食物网中一共六条食物链，有四条都会发生断裂，猫头鹰、黄鼠狼、鹰和蛇都会失去一部分食物，这样就相当于破坏了整个生态系统的平衡。

PPT14：在食物网中如果一种生物灭绝了，就会影响其他多种生物的生存，这说明生态系统中的各种生物相互影响、相互制约，我们要保护环境，珍爱生命。

PPT15：我们通过一个练习来巩固一下今天所学习的知识：用食物链的方式表达成语“螳螂捕蝉，黄雀在后”。同学们可以先暂停视频，在你的练习本上写一写。

成语“螳螂捕蝉，黄雀在后”的意思是说：螳螂正要捕蝉，不知道黄雀在后面就要吃它。通过分析我们可以知道，在这个成语中一共出现了三种生物它们分别是蝉、螳螂和黄雀。它们之间的食物关系是蝉被螳螂吃，螳螂被黄雀吃。但是食物链必必须从生产者开始，生产者通常是绿色植物，而在这三个生物中没有植物，也就是说没有生产者，我们又知道蝉是以吸取树汁为生的，所以这个成语食物链中的生产者就是树。成语“螳螂捕蝉，黄雀在后”的食物链就是树被蝉吃，蝉被螳螂吃，螳螂被黄雀吃。你做对了吗？

PPT16：今天的课就上到这里，谢谢观看！

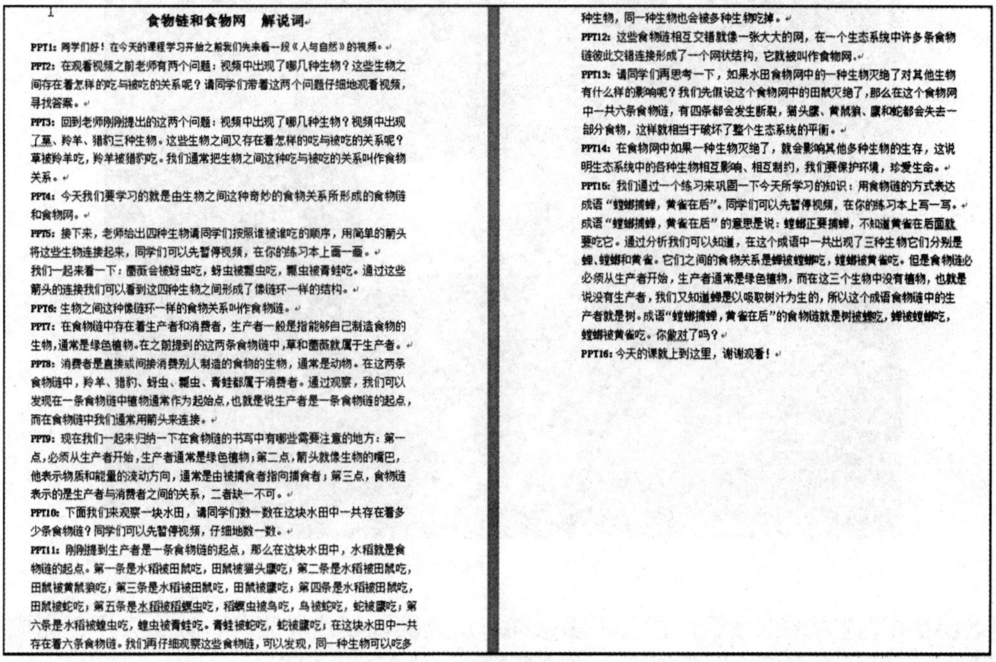

图 6–53　食物链和食物网解说词

【Step 2】打开食物链与食物网 PPT 课件，单击左上角的红色按钮，启动 EverCam 软件，连接好准备的专业耳机，进入音量调节界面，完成录制准备，如图 6–54 所示。

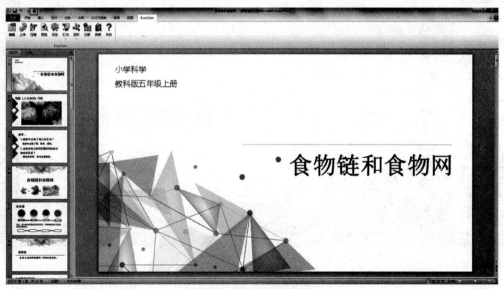

图 6–54　录制准备

【Step 3】进入录制阶段,一手拿着解说词,一手操作鼠标翻阅课件,根据 PPT 页面内容,讲解解说词,完成微课录制工作。如果中途遇到读错或者操作失误的情况,则直接按照正确的操作继续录制,不必从第一页重新开始,因为后期可以编辑处理,如图 6-55 所示。

图 6-55　录制过程

【Step 4】进入微课编辑阶段,将多余的、重复的视频片段删除,裁头去尾,完成微课的编辑工作;预览一遍后,汇出视频,格式是 MP4,如图 6-56 所示。

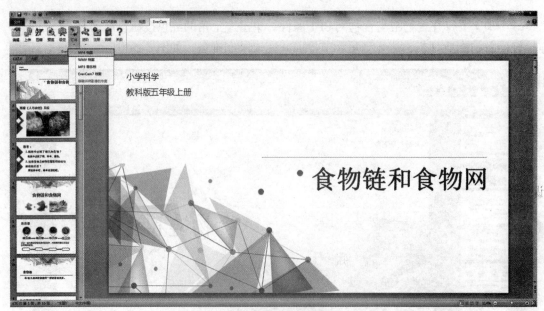

图 6-56　汇出视频

创作心得

1. 选题依据

食物链和食物网选自小学科学教科版五年级上册第一单元"生物与环境"中的第五节。由于小学科学大多是动手操作的课程，能够做成微课形式的并不多，幸好食物链和食物网这一课的内容可以通过图文和PPT动画的形式很好地呈现出来，便于学生理解，因此我选择了这一节作为微课的内容。

2. 特色突出

从教学理论看：以学生为中心，建构知识体系。

从教学目标看：融合 STSE：Science（科学），Technology（技术），Society（社会），Environment（环境）理念，树立正确的价值观。

从教学内容看：视频导入，激发学生的兴趣。

从呈现方式看：图文结合，化繁为简。

3. 重难点突破

本节课的重难点为：建立生态系统中的食物链、生产者、消费者和食物网的概念，会写简单的食物链。寻找食物链，形成"生物与生物之间是相互关联的一个整体"的认识，培养对生态环境的保护意识。

（1）通过视频导入，让学生理解生物之间吃与被吃的食物关系。

（2）以水田生态系统为例，引导学生找出食物链，进而强化学生对食物链和食物网等概念的理解。

（3）以水田中的田鼠灭绝会引发生态失衡为出发点，让学生知道生物与生物之间是相互关联的一个整体，同时培养学生对生态环境的保护意识。

（4）利用成语"螳螂捕蝉，黄雀在后"练习题，巩固学生对食物链书写规范的掌握。

任务4　制作 Look at me 微课

任务目标

通过学习，掌握小学英语学科微课知识点"Look at me"的教学设计、PPT课件制作和微课录制的要领。

任务说明

围绕小学英语"Look at me"知识点，完成教学设计、课件制作和微课录制任务。

任务实施

一、微课教学设计

【Step 1】填写微课教学设计基础信息,包括微课名称、作者、知识点、知识点来源、教学目标、重难点及突破方法和准备工作。具体信息如表6-7所示。

表6-7 "Look at me"微课教学设计基础信息

微课名称	Look at me				作者	彭佳敏、邹阳
知识点	Look at me		学科	英语	学段	小学
知识点来源	年级:三年级上 章节:第三单元		教材版本:	人教版		
教学目标	知识与技能:学生在卡通人物"Tutu"的带领下,学会认读 eye/ear/mouth/nose 这四个单词并且能够理解它们的意思。 过程与方法:学生通过绘画教学方法,可以将 eye/ear/mouth/nose 正确地运用在自己的身体部位上,并能正确地描述自己的身体部位。 情感态度与价值观:学生通过身体部位的学习,对自己的身体部位有了更加清晰的了解和认知,也在生动活泼的课堂中提升了对英语学习的兴趣					
重难点及突破方法	重难点:学生要能够正确认读 eye/ear/mouth/nose 这四个单词,并且将单词与身体各部位正确匹配。 突破方法:1.用学生喜爱的卡通人物带领学生进行学习,紧抓学生注意力跟随课堂节奏; 2.创设情境,让学生身临其中,并以全身反应法加深学生对单词和其意思的印象					
准备工作	教学设计、多媒体 PPT 课件、解说词、格式工厂软件、录制设备以及安静的录制环境					

【Step 2】进入设计过程,从内容说明、解说词、时长分配等维度进行设计。本微课分为片头、课堂导入、课堂输入、巩固练习、总结提炼和片尾等环节。具体信息如表6-8所示。

表6-8 "Look at me"微课设计过程

序号	内容说明	画面	解说词	时长分配/s
1	片头	Look at me	Hello! Everyone。同学们大家好,欢迎来到微课小课堂,今天我们要学习第三课 Look at me	7
2	课堂导入	1.展示一张包含 Tutu 的卡通图片。 2.出现 Let's draw 画一画	问大家一个问题:同学们认识大耳朵 Tutu 吗?那么在下面这张图片中同学们知道谁是 Tutu 吗? Tutu 又长什么样子呢? 那么接下来请同学们拿出纸和笔,让我们一起来动手画一画吧	60

192

续表

序号	内容说明	画面	解说词	时长分配/s
3	课堂输入	1. 出现Tutu的眼睛。 2. 出现Tutu的耳朵。 3. 出现Tutu的鼻子。 4. 出现Tutu的嘴巴	首先，画一个圆圆的脑袋和一双大大的眼睛，那么同学们知道眼睛用英语怎么说吗？eye 眼睛（学生跟读）； 第二步，大家知道Tutu的动耳神功吗？接下来我们再画他的耳朵，ear 耳朵，（学生跟读）； 然后再为他加上鼻子，鼻子 nose，跟老师读 nose（学生跟读）； 接下来再为他画上嘴巴，嘴巴怎么读呢？Mouth, mouth 嘴巴（学生跟读）	150
4	巩固练习	1. 出现Tutu全身图片。 2. 出现：Let's guess 猜一猜； 出现：佩奇、机器猫和单词鼻子 nose、嘴巴 mouth。 出现：海绵宝宝、Tutu 和眼睛 eye、耳朵 ear。 3. 出现：play a game 玩游戏，I say you do! 我说你做，Raise your hand 举起你的小手，Open your mouth 张开你的嘴巴； 出现：Touch your nose 摸摸你的鼻子，Blink your eyes 眨眨你的眼睛	OK, well done, 瞧！Tutu画好了。他在和我们打招呼呢！他说要来考考我们。 让我们猜一猜： nose, 鼻子, 它对应的朋友是佩奇, mouth, 嘴巴, 它对应的朋友是机器猫, eye, 眼睛, 它对应的朋友是海绵宝宝, ear, 耳朵, 它对应的朋友是Tutu。 最后，让我们来玩一个运动全身的小游戏，这个游戏叫 I say you do, 我说你做。Raise your hand, 举起你的小手；第二个是 Open your mouth, 张开你的嘴巴；接下来是 Touch your nose, 摸摸你的鼻子；最后是 Blink your eyes, 眨眨你的眼睛	180
5	总结提炼	Summary 总结，今天学会的单词，会认、会读、会写、会用	让我们来一起回顾一下今天学习的内容。我们学习了 eye/ear/mouth/nose 四个单词的发音及其意思，那么老师希望同学们将所学的内容与听、说、读、写结合起来，能够将这四个单词融会贯通	60
6	片尾	感谢聆听！	OK, class is over, Thank You! Goodbye, 我们下次见！	6

二、微课课件制作

微课课件制作是根据微课教学设计方案完成的，主要落实"画面"部分的内容。课件制作步骤如下。

【Step 1】片头页。显示学科、教材版本和微课标题信息，如图6-57所示。

【Step 2】导入新课页。出现包含Tutu的卡通图片，如图6-58所示。

图 6-57 片头

图 6-58 导入新课

【Step 3】连接页。出现画一画，如图 6-59 所示。
【Step 4】Tutu 的眼睛，如图 6-60 所示。

图 6-59 连接——画一画

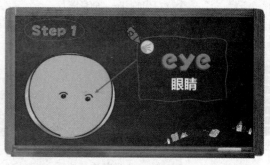

图 6-60 Tutu 的眼睛

【Step 5】Tutu 的耳朵，如图 6-61 所示。
【Step 6】Tutu 的鼻子，如图 6-62 所示。

图 6-61 Tutu 的耳朵

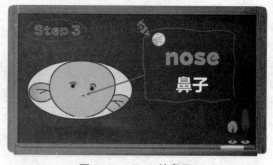

图 6-62 Tutu 的鼻子

【Step 7】Tutu 的嘴巴，如图 6-63 所示。
【Step 8】Tutu 的全身，如图 6-64 所示。

项目 6　制作微课的综合实践

图 6-63　Tutu 的嘴巴

图 6-64　Tutu 的全身

【Step 9】连接页。猜一猜，如图 6-65 所示。

【Step 10】由 nose 猜到佩奇，由 mouth 猜到机器猫，如图 6-66 所示。

图 6-65　连接——猜一猜

图 6-66　匹配鼻子和嘴巴

【Step 11】由 eye 猜到海绵宝宝，由 ear 猜到 Tutu，如图 6-67 所示。

【Step 12】游戏页。我说你做，Touch your nose 和 Blink your eyes，如图 6-68 所示。

图 6-67　匹配眼睛和耳朵

图 6-68　游戏——摸鼻子和眨眼睛

【Step 13】游戏页。我说你做，Open your mouth 和 Move your ears，如图 6-69 所示。

【Step 14】总结页。总结学会的单词，如图 6-70 所示。

【Step 15】片尾页。结束微课，如图 6-71 所示。

图 6-69　游戏——张嘴巴和动耳朵

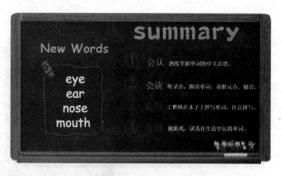

图 6-70　总结

图 6-71　片尾

【Step 1】整理解说词，将 Look at me 教学设计中的解说词整理成 Word 文档，并将解说词与 PPT 页面一一对应起来，将文档打印出纸质稿备用，如图 6-72 所示。

> **Look at me　解说词**
>
> **PPT1:** Hello! Everyone。同学们大家好，欢迎来到微课小课堂，今天我们要学习第三课 Look at me。
>
> **PPT2:** 问大家一个问题：同学们认识大耳朵 Tutu 吗？那么在下面这张图片中同学们知道谁是 Tutu 吗？Tutu 又长什么样子呢？
>
> **PPT3:** 那么接下来请同学们拿出纸和笔，让我们一起来动手画一画吧。
>
> **PPT4:** 首先，画一个圆圆的脑袋和一双大大的眼睛，那么同学们知道眼睛英语怎么说吗？eye 眼睛（学生跟读）。
>
> **PPT5:** 第二步，大家知道 Tutu 的动耳神功吗？接下来我们再画他的耳朵，ear 耳朵（学生跟读）；
>
> **PPT6:** 然后再为他加上鼻子，鼻子 nose，跟老师读 nose（学生跟读）；
>
> **PPT7:** 接下来再为他画上嘴巴，嘴巴怎么读呢？Mouth， mouth 嘴巴（学生跟读）。
>
> **PPT8:** OK, well done,瞧！Tutu 画好了，他在和我们打招呼呢！他说要来考考我们。
>
> **PPT9:** 让我们猜一猜：
>
> **PPT10:** nose 鼻子，它对应的朋友是佩奇，mouth 嘴巴，它对应的朋友是机器猫。
>
> **PPT11:** eye 眼睛，它对应的朋友是海绵宝宝，ear 耳朵，它对应的朋友是 Tutu。
>
> **PPT12:** 最后，让我们来玩一个运动全身的小游戏，这个游戏叫 I say　you do，我说你做。Raise your hand，举起你的小手；第二个是 Open your mouth，张开你的嘴巴。
>
> **PPT13:** 接下来是 Touch your nose，摸摸你的鼻子；最后是 Blink your eyes，眨眨你的眼睛。
>
> **PPT14:** 让我们来一起回顾一下今天学习的内容。我们学习了 eye/ear/mouth/nose 四个单词的发音及其意思，那么老师希望同学们将所学的内容与听、说、读、写结合起来，能够将这四个单词融会贯通。
>
> **PPT15:** OK, class is over, Thank You! Goodbye，我们下次见！

图 6-72　Look at me 解说词

项目 6　制作微课的综合实践

【Step 2】打开 Look at me PPT 课件，单击左上角的红色按钮，启动 EverCam 软件，连接好准备的专业耳机，进入音量调节界面，完成录制准备，如图 6-73 所示。

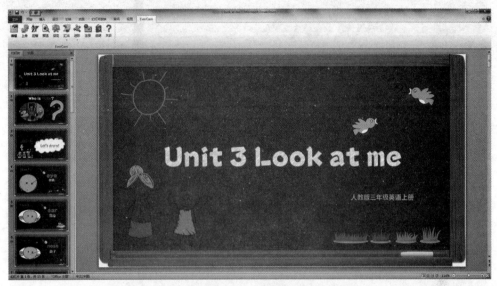

图 6-73　录制准备

【Step 3】进入录屏阶段，一手拿着解说词，一手操作鼠标翻阅课件，根据 PPT 页面内容，讲解解说词，完成微课录制工作。如果中途遇到读错或者操作失误的情况，则直接按照正确的操作继续录制，不必从第一页重新开始，因为后期编辑可以处理，如图 6-74 所示。

图 6-74　录制过程

【Step 4】进入微课编辑阶段，将多余的、重复的视频片段删除，裁头去尾，完成微课的编辑工作。预览一遍后，汇出视频，格式是 MP4，如图 6-75 所示。

图 6-75 汇出视频

创作心得

作为英语教育专业毕业生，当看到 iTeach 全国大学生数字化教育应用创新大赛通知时，我们毫不犹豫地选择了将微课与我们的专业知识联系到一起，于是我们便选取了小学英语三年级下册的 Look at me。但是，小学生的学习特点是容易出现注意力不集中，所以在观摩别人的优秀教学视频以及课件时，我们想到利用卡通人物形象能有效地激发孩子们的学习兴趣，于是我们选取了"Tutu"这一卡通人物形象，以绘画的形式让孩子们以为在上美术课，实际上却将我们的英语教学内容贯穿其中，以新颖的方式紧抓孩子们的眼球。

如何能够让孩子们正确地说出身体部位的单词是我们这堂微课的教学重难点，一味地输入知识，单纯地只教不练不是一堂合格的课，如何将枯燥乏味的操练变成生动有趣的活动，就成为我们这一堂课的创新点。我们摒弃老式的孩子们坐着只听不动的教学方式，采用"全身反应法"的教学活动，以"我说你做"的方式带领孩子们模仿练习，依靠动作来加深孩子们的学习印象。将听、说、读、写相结合，全方面地发展孩子们的综合能力，以"寓教于乐"的方式将本微课打造成全能课型。主要教学思路如图 6-76 所示。

图 6-76 教学思路

---

① TPR 是 Total Physical Response 的简称，也被叫作直接式沟通教学法、完全生理反应理论等。TPR 教学法由美国著名心理学家詹姆斯·阿士尔（Dr. James Asher）提出，其理论基础在于：人们在幼儿时期学习语言时是听说促进言语和书面表达能力的提升。当通过听说获得的信息由量变达到质变时，幼儿就能自然地运用语言表达出自己的意思了。

课后作业

实操：从中小学教材中选取一个知识点，围绕该知识点进行教学设计、课件制作和微课录制任务。电子教材网址：www.dzkbw.com。

作业答案：

1. 教学设计：从中小学教材相应学科课本中选取一个知识点，进行教学设计，具体参考模板和教材资源网址：http：//www.dzkbw.com/。要求如下：

（1）知识点明确。选取知识点应该具体，知识点应该深而精，不要广而粗，应尽量围绕知识点展开。

（2）教学环节完整。微课是微型课，微课的导入、主体和结束环节都要有，各环节时间分配合理。

（3）解说词清晰。解说词是做好微课教学设计的关键之一，特别要考虑好导入语、连接词、结束语等环节，知识点讲述应力求准确科学。

2. 课件制作：根据教学设计的内容，进行相应的课件设计制作，要求如下：

（1）课件要包含一个封面页，封面页中要填写学院、班级、学号、姓名等信息。

（2）课件主题明确、内容结构清晰、版面布局合理、颜色搭配和谐、总体风格与内容和表现形式相统一。课件总页数不能少于10张幻灯片。

（3）灵活使用文字、图片、表格、声音、动画、视频等多媒体表现形式展示内容，至少使用三种以上的媒体表现形式。

（4）设置幻灯片内各对象的动态显示效果及各幻灯片间切换效果。课件完成后，使用打包程序（注意此打包非压缩）将课件打包。

3. 微课录制：结合教学设计方案和课件内容，使用屏幕录制软件录制。微课作品，要求时间在 5~15 min，声音清晰，画面流畅，知识点讲解清楚，以MP4格式保存。

参考文献

［1］张凯，刘益和．现代教育技术任务驱动教程［M］．北京：中国水利水电出版社，2018．

［2］梁国俊．学前教育信息技术基础与应用（视频指导版）［M］．北京：人民邮电出版社，2017．

［3］汪莹．新编现代教育技术应用实践教程［M］．北京：中国水利水电出版社，2018．

［4］王茜娟．教育技术技能训练［M］．北京：北京理工大学出版社，2015．

［5］马宁，何克抗．教育技术水平考试教程（教学人员中级）［M］．北京：高等教育出版社，2013．

［6］黎加厚．信息化课程设计——Moodle信息化学习环境的创设［M］．上海：华东师范大学出版社，2007．

［7］傅钢善．现代教育技术［M］．西安：陕西师范大学出版社，2012．

［8］黄立新．信息技术教学应用［M］．北京：高等教育出版社，2020．